Er ist gedanklich zu
sehr verankert und verpasst
die Schönheiten des Lebens,
wenn er nicht bald aufhört.

Nee, machen Sie ruhig weiter,
bleiben Sie ruhig drin,
bleiben Sie am Ball, solange
wie es irgendwie geht.

Dass er sich etwas
zurückziehen kann.
Nicht völlig, aber auf
die oberste Ebene.

Es gibt andere
Familienunternehmer,
die durchaus mit achtzig
andere Freizeitgestaltungen
haben, indem sie einfach
weniger arbeiten.

Ich wünsche ihm,
dass er hundertfünfzig
wird!

Zum 65. Arbeitsjubiläum
von Reinhold Würth

Silvia Zulauf

Spüren, was stimmt

Swiridoff Verlag

Juli 2014

Inhalt

Gedanken zum 65. Arbeitsjubiläum – ein Blick zurück 8

Wer ist Reinhold Würth? 11

Die persönliche Entwicklung 17

    Kurze Kindheit 20

    Frühe Verantwortung 23

Die wilden Jahre der Schraubenhandlung Adolf Würth 27

    Wachstum ohne Gewinn ist tödlich 28

    Würth? Wer ist Würth? 30

    Wer viel leistet, soll viel feiern 32

    Die erste Generation: Raketenstufe eins 33

    Die stürmischen Siebziger 37

Das Vorbild 41

    Energie und Neugier 43

    Der Ehrgeiz, Erster zu sein 48

    Die Freude, seine Pflicht zu erfüllen 49

    Der Mut, Entscheidungen zu treffen 53

    Intuition: Spüren, was stimmt 57

    Der Spaß am Verkaufen 58

    Qualität, Qualität, Qualität 60

    Die Orientierung an sich selbst 65

Im Werden sein: First Europe, then the Globe 67

    Führungstechnik und Unternehmensphilosophie 68

    Werden – Sein – Vergehen 69

    Die zweite Generation – Raketenstufe zwei 71

    Distribution: Vom Holzregal zum IT-Pionier-Projekt 72

1985: Happy Days 74

Die dritte Generation: Raketenstufe drei 76

Vertriebszweigtrennung und Ost-West-Vereinigung 77

Einmal Ruhestand und zurück 79

Wie führt Reinhold Würth? 85

Der väterliche Herausforderer 86

Erfolg durch Wettbewerb 89

Visionen und Metaphern 90

Vertrauen und Kontrolle 93

Geliebt und gefürchtet:

Die Brieffreundschaften mit Reinhold Würth 95

Antwort erbeten bis 96

Hart & herzlich: Das hält die Spannung hoch 96

Toll! Er hat uns gelobt! 102

Autorität und Loyalität 102

Das neue Jahrtausend 107

Auf Parallelspur: Bettina Würth 108

Vom Direktvertrieb zum Multichannel 109

Die Zukunft braucht neue Strukturen 112

Leadership bei der Würth KG 113

Momentaufnahme im Juli 2014 115

Der »Würth-Spirit« 121

    Im Mittelpunkt steht der Mensch 123

    Socializing: Die Menschen zusammenbringen 125

    Die Würth-Kongresse 126

    Der Würthary-Club 128

    Das Unternehmen ist die Familie 128

Kunst, Bildung und Kultur für alle 133

    Kunst setzt Energien frei 135

    Die Kunst hat nicht geschadet 137

    Die Entwicklung der Heimat Hohenlohe 140

    Die Pflege der Kultur 140

    Die Förderung der Bildung 141

    Das Angebot für Gäste 141

Die andere Hälfte: Carmen Würth 143

    Zeit für eine eigene Spur 147

    Das Paar 150

    »Mein lieber Mann mit seinem Geschäftskopf« 151

    Das unsensible Walross 151

Mythos, Symbol und Botschaft:

Einen zweiten Reinhold Würth gibt es nicht 155

    Interviewpartner 161

    Bildnachweis 168

Gedanken zum 65. Arbeitsjubiläum – ein Blick zurück

Liebe Leserinnen und Leser,
mein Vater sagte häufig, wenn einer von uns krank war oder uns etwas fehlte und wir jammerten, »I merk nix«. Daraufhin erwiderte meine Mutter ihm eines Tages, dies sei auch kein Wunder, er hätte nämlich anstelle des Herzens eine Kartoffel, anstelle des Magens ein Fass und anstelle der Haut eine Rinde.

Das mag nun vielleicht klingen, wie wenn mein Vater ein Mann ohne Gefühl oder besonders unsensibel wäre. Dies ist aber nicht der Fall. Denn Unternehmer wie mein Vater müssen auch ein Gefühl dafür haben, was in bestimmten Situationen richtig oder falsch ist – sie müssen **»Spüren, was stimmt«**. Insofern ist die Aussage meiner Mutter viel mehr ein Zeichen dafür, wie wichtig meinem Vater schon seit jeher das Unternehmen war und dass er alles andere, selbst die Gesundheit (auch seine), hinten an gestellt hat. Fehltage wegen Krankheit waren und sind bei ihm eine Seltenheit – und jammern gilt für ihn schon gleich gar nicht.

Dies nur als kurze Familienanekdote – mehr hierzu dann weiter hinten im Buch.

Liebe Leserinnen und Leser, ein Arbeitsjubiläum ist aber vor allem auch eine Gelegenheit, auf das Erreichte zurückzublicken, das eine oder andere Erlebnis nochmals Revue passieren zu lassen, aber auch »Danke« zu sagen. Daher kommen in diesem Buch einige meiner Kollegen sowie ehemalige und auch jetzt noch aktive Wegbegleiter meines Vaters zu Wort.

Wenn man rein die berufliche Seite betrachtet – denn bei einem Familienunternehmen sind Familie und Unternehmen eigentlich untrennbar miteinander verbunden –, arbeite ich selbst nun schon seit über dreißig Jahren mit meinem Vater zusammen. Die

Zusammenarbeit mit ihm war nicht immer einfach und von Höhen und Tiefen geprägt.

Aber gewisse Reibungen halten das Leben und das Miteinander auch spannend, nur so entdeckt man Wege, an die man vorher vielleicht gar nicht gedacht hätte.

Alles in allem bin ich stolz, sagen zu können, dass wir schlussendlich immer konstruktiv und vertrauensvoll zusammenarbeiten und in engem und positivem Austausch miteinander stehen. Zwar sind wir uns nicht immer einig, aber wir finden dann doch immer einen Weg, den wir gemeinsam gehen können und der zum Wohle des Unternehmens ist. Hierfür bin ich meinem Vater sehr dankbar.

Insofern kann ich sagen, dass ich sehr gerne in unserem Unternehmen arbeite. Es macht mir großen Spaß, gemeinsam mit meinem Vater, meinen Kollegen aus der Konzernführung, den Geschäftsbereichsleitern und der Geschäftsleitung der Adolf Würth GmbH & Co. KG sowie mit allen Mitarbeiterinnen und Mitarbeitern im In- und Ausland die Zukunft der Würth-Gruppe zu gestalten.

Zu einem Arbeitsjubiläum gehören aber auch Wünsche:

Ich wünsche mir noch viele konstruktive Diskussionen mit meinem Vater und meinen Kollegen. Mein größter Wunsch ist aber, dass mein Vater und ich – zusammen mit allen Mitarbeiterinnen und Mitarbeitern der Würth-Gruppe – unsere Ziele erreichen und wir noch viele Jahre so vertrauensvoll zusammenarbeiten.

Und Ihnen wünsche ich nun viel Spaß beim Lesen.

Ihre
Bettina Würth

→ Rennfahrer.

→ Bergsteiger, einen Achttausender
  nach dem anderen.

→ Wanderer.

→ Bergsteiger.

→ Skifahrer.

→ Ein Stabhochspringer,
  immer neue Höchstmarken.

→ Skifahren! Und zwar schnell!
  Schnell spielt eine größere Rolle
  als ausdauernd.

→ *(lacht)* Gut, Sportler ist er ja
  überhaupt nicht.

→ Rennfahrer, Formel 1. Der Mann
  ist der absolute Rennfahrer.

→ Marathonläufer.

→ Langstreckenläufer.

→ Auf jeden Fall muss er gewinnen!

Wer ist
Reinhold Würth?

Wer ist
Reinhold Würth?

Wenn man hört, er hätte in fünfundsechzig Jahren diesen riesigen Konzern erschaffen, so klingt das fast wie ein Märchen. Ohne seine loyalen Weggefährten hätte Reinhold Würth dieses große Werk tatsächlich niemals vollbringen können.

Seine ganz besondere Leistung ist hintergründiger Natur. Sie besteht in der Entwicklung einer höchst erfolgreichen Unternehmenskultur, die es vielen Menschen ermöglicht hat, gemeinsam Hand in Hand diesen weltweit blühenden Konzern aufzubauen.

Er selbst sieht das ganz realistisch und bescheiden. Von ihm gibt es keine Rede ohne den Satz: »Das hätte ich nie allein geschafft.« Und immer schließen sich innige Dankesworte an seine Mitarbeiter und deren Familien an. Dank und Wertschätzung gehören zur Grundausstattung der Würth-Kultur.

Wer andere bewegen will, muss überzeugend kommunizieren. Unermüdlich, Tag für Tag, fasziniert Reinhold Würth viele Menschen um sich. Durch seine vorbildliche Präsenz spornt er die Mitarbeiter an, das Beste aus sich herauszuholen – und sich für die Entwicklung des Unternehmens einzusetzen.

Reinhold Würth ist ein Meister des gesprochenen Wortes. Steht er auf der Bühne, schaltet sein Publikum auf vollen Empfang. Seine Reden sind klug, witzig und inspirierend. Er versteht es, abstrakte Gedanken durch Bilder und Geschichten zu vermitteln und praktische Dinge durch Mimik, Gestik und Komik unterhaltsam darzustellen.

Allein sein Vorbild bewirkt, dass man sich so manchen Brettes vor dem Kopf bewusst wird. Noch heute, mit fast achtzig Jahren, fühlen sich selbst seine jüngsten Mitarbeiter von ihm dazu inspiriert, eine jugendliche, flexible Perspektive einzunehmen.

Reinhold Würth wollte immer ein guter Boss sein – hat seinen Mitarbeitern aber gleichzeitig äußerste Leistungsbereitschaft abgefordert. Das war schon in den Sechzigern so, als er Mitte zwanzig war und seine ersten Verkäufer nur geringfügig jünger – oft sogar älter.

Wie hat er diesen Spagat gemeistert, ohne auf den Nimbus, der ihn heute umgibt, zurück-

1949

greifen zu können? Laut Zeitzeugen verfügte er schon damals über natürliche Autorität sowie eine gute Menschenkenntnis und Empathie. Er konnte als Chef beharrlich, streng und gnadenlos sein – und andererseits durch großzügiges Verhalten und seine fast grenzenlose Gutmütigkeit die Herzen tief berühren. Diese extreme Spannbreite ist ihm bis heute geblieben. Sie macht ihn nahbar und unnahbar zugleich.

Dieses sehr persönliche Porträt seiner Entwicklung vom jungen Chef über den Kapitän eines Mittel- und Großbetriebes bis hin zum Kopf der weltweit erfolgreichen Würth-Gruppe ist auch das Zeitdokument eines erfolgreichen baden-württembergischen Familienunternehmers.

Was hat ihn angetrieben? Ehrgeiz oder Neugier? Wahrscheinlich beides. Reinhold Würth verfolgt für sich immer neue Ziele, will wissen, was geht, und liebt den Wettbewerb. Da er sehr gern gewinnt und ungern verliert, hat er eine eiserne Selbstdisziplin entwickelt und seine Zeit bis zum Anschlag optimiert. Seine Jahrgangsgenossen, die Vorkämpfer, die mit ihm zusammen durchs Feuer der ersten Dekaden gingen, hat er in den letzten zwanzig Jahren – manchmal mit Tränen in den Augen – sukzessive in den Ruhestand verabschiedet. Doch er selbst beschleunigt unbeirrt. Täglich zwölf, vierzehn Stunden, Samstag und Sonntag inklusive.

Ein Tag ist für ihn richtig gut, wenn die Termine wie bei einem Uhrwerk ineinandergreifen, ohne Verspätungen, ohne Friktionen. Und wenn dann noch zwei, drei Flüge dabei sind und die Landung besonders sanft ausfiel, dann war es für ihn ein Supertag:

Gestern war Sonntag, da sind wir am Morgen zurückgeflogen von Avignon nach Schwäbisch Hall. Ich bin geflogen, meine Frau war dabei. Dann hab ich auf dem Weg vom Flugplatz nach Hause diktiert. Dann eine Stunde geschlafen, bin dann ins Glashaus*, hab noch zwei Stunden weiter diktiert. Dann bin ich wieder auf den Flugplatz gefahren, hab diktiert, hab die zwei Piloten nach Hamburg fliegen lassen und zurück, und hab auf dem Weg im Flugzeug diktiert. Wir haben mit Justus Frantz, dem Pianisten und Dirigenten, gefeiert und sind dann erst um elf in Schwäbisch Hall wieder gelandet. Auf der halben Stunde Fahrt nach Hause, von elf bis halb zwölf, hab ich noch diktiert im Auto.

* Ein lauschiges Plätzchen auf Schloss Hermersberg

Er ist geradezu besessen von der Mission, sein Unternehmen vorbildlich zu übergeben, will ihm wie einem Flugkörper noch schnell den optimalen Anschub verpassen, bevor es seine Bahn ohne ihn fortsetzt. Gründerdilemma. Wem droht mehr Identitätsverlust? Dem Unternehmen ohne Gründer oder dem Gründer ohne Unternehmen?

Was jemand in einer ganz konkreten Situation tut, wie er reagiert und sich zu anderen verhält, das gibt den tiefsten Einblick in sein Wesen. Denn im spontanen Verhalten offenbaren sich Werte und Grundannahmen, Impulse, Wünsche und Absichten.

Erfahrungen dieser Art lassen sich nicht beschreibend vermitteln. Sie offenbaren sich jedoch durch die vielen Geschichten und Anekdoten, die um Reinhold Würth kreisen.

In Interviews mit engen Mitarbeitern der ersten, zweiten, dritten und vierten Generation, mit dem Gründer selbst, seiner Tochter Bettina Würth und seiner Frau Carmen Würth konnten einige Aspekte der vielschichtigen, schillernden Persönlichkeit von Reinhold Würth erschlossen werden. Nur durch ihr Vertrauen und ihre Offenheit konnte dieses Buch entstehen. Ihnen allen danke ich sehr herzlich.

→ Der jugendliche Liebhaber.

→ Eine Comicfigur, weil er so herzhaft lachen kann.

→ Er ist kein Schauspieler.

→ Er hat die Sensibilität von »Jedermann«.

→ Nathan der Weise.

→ Richard Gere in »Pretty Woman«.

→ Lawrence von Arabien.

→ Mario Adorf in »Der große Bellheim«. (*Mehrfachnennung*)

→ Bud Spencer.

→ Auf jeden Fall die Hauptrolle und am Schluss der Sieger.

→ Mario Adorf.

Die persönliche Entwicklung

Die persönliche Entwicklung

Wer mit neunundsiebzig Jahren sein fünfundsechzigstes Arbeitsjubiläum feiert, kann von seiner Kindheit und Jugend nicht viel gehabt haben. Schon gar nicht im Deutschland der Kriegs- und Nachkriegszeit.

Reinhold Würth, 1935 in Öhringen, einer Kleinstadt zwischen Heilbronn und Künzelsau, geboren, hat als Kind den Schrecken des Krieges hautnah erlebt. Er ist Bombenangriffen entkommen, hat Kriegsleichen gesehen und verbranntes Fleisch gerochen. Sein gefasster Umgang mit diesen Erinnerungen zeigt bereits seine ausgeprägte Resilienz. Nein, traumatisiert fühlte er sich damals nicht.

Sehr prägend wirken seine Erlebnisse in der Familie. Das Verhältnis zu den Eltern ist gut. Er wächst in einer harmonischen, stark vom christlich-neuapostolischen Glauben geprägten Familie auf mit den typischen Strukturen dieser Zeit: Vater Adolf ist Respektsperson und finale Instanz. Er gibt vor, was gemacht wird. Der Gedanke an Opposition liegt dem Sohn fern – und wäre auch schon im zarten Keim erstickt worden, denn da ist ja auch noch Mutter Alma, eine selbstbewusste und lebensfrohe Frau aus dem hohen Norden mit starkem Charakter und ausgeprägter Dominanz. Als der siebenjährige Reinhold aus der Schule kommt und seine Mutter darüber informiert: »Es hat halber zeyne gschlouche« (Es hat halb zehn geschlagen), fängt er sich für die breite Mundart eine Ohrfeige ein. Im Hause Würth spricht man Hochdeutsch. Es herrscht Ordnung und Disziplin.

Eine Kindheitserinnerung:

Es war noch im Dritten Reich und die Familie wollte eine Bowle machen mit Walderdbeeren. Und da bin ich also den Berg rauf in den Wald, zu einer Lichtung mit Unterholz. Und, na ja, ich habe halt nur so eine Bodendecke voll Erdbeeren in der Kanne drin gehabt und bin dann wieder heim. Da hat es ein Donnerwetter gegeben und ich wurde wieder weggejagt: »Jetzt gehst du rauf und füllst die Kanne und kommst vorher nicht wieder heim!« Und dann bin ich halt wieder gegangen, tiefer ins Unterholz hinein, und habe tatsächlich die Kanne vollgemacht.

Der Vater ist aufgrund eines Herzfehlers vom Kriegsdienst freigestellt und kommt als Prokurist im Dienst der Schraubenfirma Reisser (heute ein Tochterunternehmen der Würth-Gruppe) viel herum. Später leitet er die Zweigstelle der Firma Zinser im Elsass, die Zünder und Kriegsmaterial herstellt. Der Vater pendelt, der Familie geht es gut, sie macht Reisen an die Ostsee und in den Schwarzwald; Reinhold liebt es, allein mit seiner Kamerabox unterwegs zu sein und die Umgebung zu entdecken. Seine Ferien verbringt er oft beim Großvater im nahegelegenen Ilsfeld, ein Landwirt mit Weinwirtschaft und Kaiser-Wilhelm-Bart. Mit ihm holt er Futter für die Kühe, hilft bei der Weinlese und bei der Ernte. Die Großmutter verwöhnt ihren Enkel, bringt ihm morgens frische Milch und große Käsebrote ans Bett.

Kurze Kindheit

1937 zieht die Familie nach Künzelsau, der Vater eröffnet bald nach Kriegsende eine Schraubenhandlung im Anbau der Schlossmühle. Noch heute führt hier der Weg zum Kocher und zum Flussfreibad.

Mit einem Kuhfuhrwerk, bei dem zwei Kühe einen Wagen mit vier Holzspeichenrädern ziehen, rumpelt Reinhold gemeinsam mit dem Vater vierzehn Kilometer kocherabwärts, um bei der Firma Arnold (heute ebenfalls eine Tochter der Würth-Gruppe) die ersten Schrauben zu kaufen. Wieder zurück, hilft er, die leeren Holzregale mit den neuen Schrauben zu füllen. Von nun an arbeitet er jeden Tag nach der Schule mit. Er schaut zwar manchmal sehnsüchtig aus dem Fenster hinaus, wo sich seine Freunde im Freibad am Kocher vergnügen. Wirklich leiden tut er aber nicht, denn der Vater hat gesagt: So wird es gemacht. Da ist kein Platz für Konflikte.

Neun Jahre lang ist Reinhold das einzige Kind, dann wird sein Bruder Klaus-Frieder geboren. Der Vater ist von Montag bis Samstag unterwegs und holt Aufträge heran. Reinhold verpackt die bestellte Ware und zieht die Pakete mit dem Leiterwagen zum Bahnhof. Das Geschäft mit Schrauben floriert in der Wiederaufbau- und Gründerzeit direkt nach dem Krieg.

Der Junge zeigt sich an der Arbeit sehr interessiert, ist umsichtig und tüchtig. Die Schule dagegen bezeichnet er heute als »die mieseste Zeit seines Lebens«, ein großes Licht sei er dort auch nicht gewesen. Als der Vater ihn mit vierzehn aus der Schule nimmt und als Lehrling einstellt, wird er zwar nicht gefragt, aber einverstanden ist er schon.

Vom Vater lernt er viel. Vor allem das aggressive Verkaufen. Für seinen früheren Arbeitgeber hatte Adolf Würth als Handelsreisender schon hervorragende Verkaufserfolge in der Schweiz und in Österreich erzielt. Das war seine große Innovation in der Branche: die Idee, über den engeren geografischen Bereich hinaus zu verkaufen. Direkt zu den Kunden hinzufahren, Bestellungen aufzunehmen und zu liefern. Das war damals noch unüblich. Mit dem überregionalen Direktvertrieb hat er auch in seiner eigenen Firma viel Erfolg.

Der Lehrling Reinhold muss natürlich auch reisen und Aufträge ranholen.

Adolf Würth mit Sohn Reinhold, um 1952

Als ich das erste Mal allein für zehn Tage mit dem Zug in Düsseldorf, Essen und Dortmund auf Verkaufstour war, kam ich mit einem schönen Päckchen Aufträge nach Hause. Doch Lobendes war meinem Vater nicht so geheuer. Also hat er das Päckchen so auf den Tisch geworfen und gesagt: Na ja, ist ja eigentlich nichts Besonderes. Und erst Jahre später habe ich dann von meiner Mutter erfahren, dass er zu ihr in die Küche kam und schmunzelnd gesagt hat: Das ist gar nicht so schlecht, was der Kerle gemacht hat.

Dieses Erlebnis liegt ihm heute noch auf der Seele. Er hatte gekämpft und sein Bestes gegeben – aber der Vater hat ihm nicht gezeigt, dass er die Leistung seines Sohnes schätzte. Vielleicht war es diese Erfahrung, die ihn dafür sensibilisierte, seine Mitarbeiter für Erfolge immer zu loben und ihren Einsatz mit Dank und Anerkennung zu würdigen.

Der Vater stellt für Reinhold einen Antrag auf den vorgezogenen Führerschein. Nach gründlichen Prüfungen beim Künzelsauer Amtsarzt steht fest: Der Junge ist geistig, moralisch und physisch reif für eine Fahrerlaubnis. Er bekommt seinen Führerschein pünktlich zu seinem sechzehnten Geburtstag vor dem Rathaus Künzelsau überreicht.

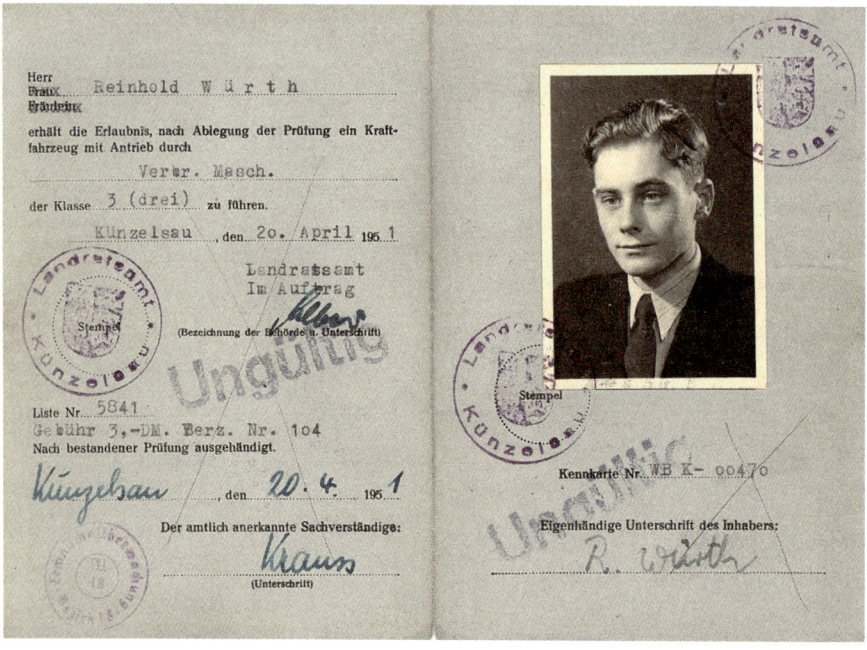

Frühe Verantwortung

Reinhold Würth ist neunzehn Jahre alt, als der Vater kurz vor Weihnachten 1954 überraschend an Herzversagen verstirbt. Die Familie ist paralysiert. Die Mutter kennt sich im Betrieb nicht aus, der zehnjährige Bruder Klaus-Frieder hat durch Wundbrand eine Hand verloren. Reinhold, nach damaligem Gesetz noch nicht volljährig, ist unsicher, ob er den Betrieb allein bewältigen wird, ob es nicht sicherer ist, eine Arbeit anzunehmen. Doch Alma Würth bestärkt ihn. Sie glaubt fest daran, dass ihr Sohn das Zeug zum Unternehmer hat.

Für Reinhold Würth gibt es keine Schonzeit. Unterstützt vom Buchhalter und seiner tatkräftigen Mutter, übernimmt er die Führung des Unternehmens. Er ist jetzt Chef und Ernährer einer dreiköpfigen Familie. Alle Verantwortung liegt auf ihm. Schon im Januar, wenige Tage nach dem Tod des Vaters, startet der junge Firmeninhaber die erste Verkaufsreise. Der Druck ist groß, er will es sich und allen beweisen. Das Vertrauen seiner Mutter und das Know-how seines Vaters geben ihm Selbstbewusstsein und treiben ihn an. Er kombiniert die erprobten Verkaufsmethoden eines erfahrenen Verkäufers mit der Idee, die Schrauben direkt dorthin zu liefern, wo sie gebraucht werden.

Ich habe dann Verkäufer eingestellt und gemerkt, dass das funktioniert. Und so ist das wie eine Lawine immer größer geworden. Natürlich, ich habe das Verkaufsprogramm erweitert, immer wieder neue Produkte aufgenommen und 1962 in Holland die erste Auslandsgesellschaft gegründet. Aber auch das war von meinem Vater inspiriert. Ich war mit ihm ja auch schon in die Schweiz, nach Zürich und nach Bern, gefahren. Das war daher nichts Außergewöhnliches für mich. Für unsere Branche war es damals allerdings vollkommen unüblich, über den engeren geografischen Bereich hinaus zu verkaufen.

Die Verkäufer, die Reinhold Würth einstellt, sind meist älter als er selbst. Dennoch ist die Kluft zwischen ihm und seinen Mitarbeitern riesengroß. Denn der junge Chef ist mit der Firmenübernahme auf einen Schlag erwachsen geworden. Der Druck, der auf ihm lastet, findet sein Ventil in extremer Aktivität. Zeit ist Geld. »Schaffe, net schwätze!« Seine Welt funktioniert durch eiserne Disziplin, durch Fleiß und Perfektion.

Als er seine Frau Carmen 1954 nach einem Gottesdienst in einer Neuapostolischen Kirche in Friedrichshafen am Bodensee kennenlernt und kurz darauf heiratet, hat er außerhalb der Firma noch nicht viel von der Welt wahrgenommen. Er hatte keine Zeit, um

mit anderen Jugendlichen her-
umzuziehen, Bars und Kneipen
kennt er nur von außen.

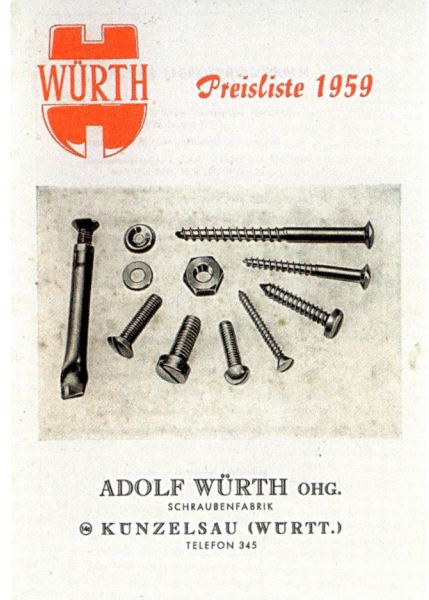

K.Sp. *Die ersten Jahre waren*
wir Verkäufer wahrscheinlich
fixer als er. Wenn wir an
der Bar standen, wusste er
nicht, was ein Martini ist.
Heute kennt er sich in allen
Dingen besser aus als ich.
Früher war es gerade um-
gekehrt. Zu der Zeit waren wir
schlitzohriger als er. Er war
vom Glauben her schon anders erzogen. In der Öffentlichkeit
war er sehr zurückhaltend, fast schüchtern. Wir haben gefeiert
und waren Hansdampf in allen Gassen. Er dagegen war schon
verheiratet – und seine Carmen war sein Ein und Alles.

Reinhold Würth konzentriert sich auf den Vertrieb der Schrauben
und auf die Absicherung der Familie. Gesellschaftliche Kontakte
pflegt er vor allem in der Kirchengemeinde und er ist sehr gläubig.

Sein voller Einsatz ist direkt an den Umsatzzahlen ablesbar,
zwischen 1954 und 1959 gelingt eine Steigerung des Jahresumsatzes
von 146.000 auf 1.115.000 D-Mark.

→ Ein Rennwagen.

→ Ein Jaguar. Schwarz, metallic-glänzend.

→ Mercedes wäre zu langweilig,
  Porsche zu aggressiv. BMW würde passen.

→ Ein Mercedes in der Formel 1, schnell,
  traditionell, siegerorientiert.

→ Ein schnelles. Nicht unbedingt ein Jaguar.

→ Ferrari. Dauernd Gas.

→ Jaguar oder BMW. Er ist eher BMW.

→ Ein sportlich getunter VW Phaeton.
  Deutsch, bodenständig, Volksauto.

→ Eher eine Harley.

→ Ein Ferrari.

Die wilden Jahre
der Schraubenhandlung
Adolf Würth

Die wilden Jahre der Schraubenhandlung Adolf Würth

Der junge Unternehmer hatte damals noch keine konkrete Vision für die Zukunft seiner Firma. Vielleicht hätte sich eine solche Perspektive sogar kontraproduktiv ausgewirkt. Denn die zukünftigen Erfolge und Marktpotenziale sollten alles Vorstellbare übertreffen.

Reinhold Würth ist kein Überflieger, sondern steht mit beiden Füßen auf dem Boden. Mit allen Sinnen nimmt er das Hier und Jetzt auf. Er ist neugierig, will wissen, was geht. Er will wachsen. Und damit das Wachstum keine Luftnummer wird, plant er immer zehn Jahre voraus:

Wenn Sie so eine Planung aufstellen, dann bekommen Sie riesengroße Augen, weil sie plötzlich merken: Menschenskind, da brauche ich aber viel Kapital, um die Debitoren zu finanzieren, um das Lager zu bauen.

Wachstum ohne Gewinn ist tödlich

Fragt man Reinhold Würth, ob er in den vergangenen fünfundsechzig Jahren schlaflose Nächte hatte, hört man ein »Ah, und wie …!«. Bereits in den ersten Jahren als Firmenchef machte er eine prägende Erfahrung:

Damals ist der Betrieb ja manchmal um hundert Prozent pro Jahr gewachsen. Und wenn Sie das tun, sind Sie immer knapp an Geld. Denn das Geld steckt in den Debitoren und im Warenlager. Eines Tages hat mich der Chef von der Volksbank in Künzelsau einbestellt: »Würth, jetzt hast du dein Konto schon wieder überzogen, wenn du das noch einmal machst, dann sperre ich dir alle Schecks. Ich lasse mir doch von dir nicht meine Rente kaputtmachen!«

Und für diese Lehre bin ich ihm heute noch dankbar: Ich hatte nur eine einzige Geldquelle, das waren meine Kunden. Ich habe dann den Spruch kreiert: Wachstum ohne Gewinn ist tödlich. Und das hat mich mein ganzes Leben begleitet. Ich habe zwar Risiken übernommen, aber doch limitiert, begrenzt, sodass es nie existenzgefährdend werden konnte.

Heute ist er dem Bankchef sehr dankbar für seine klaren Worte. Er hat aus diesem Erlebnis eiserne Grundsätze abgeleitet, die sein Handeln bis heute leiten:

1. Wachstum ohne Gewinn ist tödlich.
2. Ich habe mir geschworen, nie von Banken abhängig zu sein.
3. Unternehmerische Risiken müssen kalkuliert sein.
   Ich treffe keine Entscheidungen, die das Unternehmen gefährden könnten.

Würth? Wer ist Würth?

Er analysiert und richtet sich aus. Besonnen wirft er in den folgenden Jahrzehnten seine Anker: Nach den Niederlanden werden Auslandsgesellschaften in ganz Europa, USA, Südamerika, Südostasien, Russland, Afrika und China gegründet. Dabei geht der Blick für das Naheliegende nie verloren: Schon im August 1990 lädt Würth in Dresden zur Einweihung der ersten ostdeutschen Niederlassung ein.

Heute gehören zur Würth-Gruppe vierhundert Einzelunternehmen in achtzig Ländern. Im Jahr 2013 erzielten sie mit 64.000 Mitarbeitern einen Umsatz von knapp 10 Milliarden Euro. Dennoch bezeichnet sich der Global Player Würth noch immer als Mittelständler. Schließlich seien die meisten Tochtergesellschaften ja kleine, mittelständische Unternehmen, die ihr Wachstum noch vor sich hätten …

Wie hat Reinhold Würth es geschafft, sich selbst und das Unternehmen in nur fünfundsechzig Jahren in diese Dimensionen zu katapultieren? Zum einen waren die äußeren Faktoren und die Wettbewerbsbedingungen perfekt: Durch den steilen wirtschaftlichen Aufschwung nach dem Krieg befand sich das Startup in einem höchst aufnahmefähigen Nachfragemarkt, den es als erster Direktvertrieb quasi allein bedienen konnte. Während die regionalen Schraubenhändler in ihren Läden hockten und auf Kundschaft warteten, schwirrten die ersten Würth-Verkäufer in alle Himmelsrichtungen aus, um die Regale der Handwerksbetriebe zu befüllen.

»Würth? Wer ist Würth?« – das weiß in Berchtesgaden oder im Bayerischen Wald damals niemand. »Das ist eine Bildungslücke!«, kontern die Schwaben. Und sobald ein Kunde kauft, wird er den anderen als langjähriger Kunde präsentiert. »Der kauft schon so lange bei uns, Menschenskind. Und Sie nicht!« Dabei besteht der Vertrieb gerade mal aus zehn Verkäufern.

Einen guten Eindruck von der Euphorie dieser Tage gibt Karl Specht, der 1961 als Würth-Verkäufer eingestellt wird:

1965

K.Sp. *Wir waren die Teuersten am Markt, dreimal so teuer wie jeder andere! Aber es herrschte Aufbruchsstimmung, da hat keiner groß auf die Preise geschaut. Es waren wilde Zeiten! Wir haben riesige Pakete versandt. Der Kunde hat gesagt: Schick ein Paket! Und es war egal, ob wir hundert oder tausend Schrauben geschickt haben. Der Kunde hat nicht reklamiert, denn er wusste, dass er sie bald verbrauchen wird.*

Reklamationen kommen selten. Die Konjunktur läuft auf Hochtouren und Material wird immer gebraucht. Für den Kunden ist entscheidend, dass die bestellte Ware pünktlich, schnell und zuverlässig geliefert wird. Der Preis ist zweitrangig. Falls sich doch mal ein Kunde beschwert, bietet man kulante Zahlungsbedingungen an – oder nimmt die Ware anstandslos zurück.

Von der Schlitzöhrigkeit, die in Hohenlohe zu Hause ist, erzählt Doris Schutera, eine Mitarbeiterin des Unternehmens, diese Geschichte:

DIE GESCHICHTE VOM HOHENLOHER SCHLITZOHR

Der liebe Gott hatte einen Haufen Lehm vor sich stehen. Aus dem gelben Lehm hat er einen Chinesen gemacht, aus dem schwarzen Lehm einen Afrikaner, aus dem roten einen Indianer und so ging es weiter. Und am Schluss hatte er nur noch ein einziges Stück von dem Lehm übrig. Damit hat er versucht, den Hohenloher zu formen. Doch als er kurz vor Vollendung seines Werkes war, hat ihm ein Stückchen gefehlt. Und das hat er dann am Ohr eingespart. Und wenn Sie jetzt Preisverhandlungen machen, dann müssen Sie ihrem Gegenüber übers Ohr fahren. Und wenn da ein Schlitz drin ist, dann müssen Sie arg aufpassen.

Wer viel leistet, soll viel feiern

Es wird sehr viel Geld verdient. Die Stimmung unter den Verkäufern ist euphorisch und nach der Arbeit wird ausgelassen gefeiert.

> K.Sp. *Ich weiß noch, in Frankfurt auf der Messe, da haben wir richtig Geld verbraucht. Richtig verjubelt! Wir haben verkauft wie die Wilden und konnten keine Nacht mehr grade gucken. Wir waren ja junge Kerle. Ich habe immer bezahlt, und als ich nach der Messe alles zusammengerechnet habe – Herrgott! Zigtausend Mark haben wir da verjubelt an der Bar. Und da sagte Reinhold zu mir: »Na, da wart ihr aber sparsam!« – Er hat es einfach laufen lassen.*

Wer viel leistet, der soll auch richtig feiern – das ist schon damals die Devise von Reinhold Würth. Er freut sich an der Ausgelassenheit seiner Verkäufer, trinkt ein, zwei Bier mit und weiß, sobald er weg ist, geht es richtig los. Am nächsten Tag übernimmt er dann großzügig die Rechnung.

> K.Sp. *Er war immer großzügig. Er war fair. Was ich immer sehr an ihm geschätzt habe. Er war gradlinig. Man konnte sich auf ihn hundertprozentig verlassen. Wenn er was gesagt hat, dann war das auch so. – Aber man selber hat sich auch dran gehalten. Das ist auch etwas, was ihn heute noch auszeichnet.*

Reinhold Würth hat ein feines Gespür für die Auswahl der Mitarbeiter. Und wenn ein Verkäufer erfolgreich ist, lässt ihm der Chef große Freiräume. So hält er schon damals die Talente in der Firma.

Die erste Generation: Raketenstufe eins

Einer will es jedoch ganz genau wissen: Albert Berner, ein ehemaliger Klassenkamerad. Nachdem er bei Würth das Geschäft kennengelernt hat, macht er sich in der Branche selbstständig und baut in Künzelsau ebenfalls ein erfolgreiches Unternehmen auf. Wettbewerb belebt das Geschäft. Durch Berner wird der ohnehin schon gut ausgeprägte Ehrgeiz von Reinhold Würth, der Bessere, der Größere, der Schnellere zu sein, erst richtig angestachelt. Inzwischen steht er darüber, zehnfach sogar. Dass er heute zu Berner ein kollegiales Verhältnis hat, ist vielleicht auch der Erkenntnis zu verdanken, dass der Wettbewerb mit ihm in der eigenen Firma enorme Potenziale freigelegt hat.

Betriebsausflug, 1959

»Das war die erste Raketenstufe!«, sagt Rolf Bauer rückblickend, der 1963 als Lehrling ins Unternehmen kam:

R. B. *Reinhold Würth liebt den Wettbewerb. Er selbst ist ein sehr ehrgeiziger Mensch. Und er ist ein Künstler darin, ein Umfeld für Motivation aufzubauen. Wer ist der Erste im Januar, wer der Erste im Februar. Das macht er unter Mitarbeitern genauso wie unter seinen Firmen und Gesellschaften. Gleichzeitig ist er aber auch derjenige, der solidarisch ist, wenn einer geschwächt ist oder angegriffen wird. Dann hilft er dem. Er lässt*

den Letzten nicht verhungern. Es gibt die Introvertierten
und die Extrovertierten. Da guckt er schon, dass der Introvertierte,
der auch seine tolle Leistung bringt, nicht zu kurz kommt.

Der junge Chef will ein guter Boss sein. Jeden Abend geht er durch
den Betrieb und spricht mit seinen Leuten. Hat jemand etwas auf
dem Herzen, setzt er sich für ihn ein, hakt bei dem Zuständigen
nach und fordert eine Lösung. Schriftlich.

Reinhold Würth wird schon damals von seinen Mitarbeitern
sehr geschätzt – aber auch sehr gefürchtet. In dem Maße, wie er
großzügig und gutmütig ist, kann er sich gnadenlos streng zeigen.
Bringt ein Verkäufer nicht die gewünschte Leistung, lernt er seinen Chef von der ungemütlichen Seite kennen. Mit feinem Gespür
erkennt Reinhold Würth schon in den ersten Ansätzen, wenn einer versucht, ihn zu hintergehen. Dann setzt die Kontrolle ein.
Man muss bereit sein, sich nach seinen Leistungsvorgaben auszurichten – oder gehen.

Im Jahr 1966 sind in Baden-Württemberg noch nicht alle Bun-
desstraßen asphaltiert, der nächste Flughafen ist 120 Kilometer
entfernt. Das zeigt sich als handfester Standortnachteil für das
Direktvertriebsunternehmen mit zunehmender Internationa-
lisierung. Die Lösung: Reinhold Würth kauft sich sein erstes Flugzeug. Ohne diese Möglichkeit hätte das expandierende Unternehmen seinen Firmensitz über kurz oder lang verlagern müssen.
Seine Leidenschaft für das Fliegen spielt er heute gern herunter:

Das war reiner Pragmatismus. Es gab viele Staus auf den Straßen und da habe ich mir gedacht: Da musst du oben drüber. Dann habe ich mir ein Flugzeug gekauft, bin zum Flugplatz in Stuttgart gegangen und habe gesagt: Sie, ich habe eine Cessna 172 gekauft und brauche jetzt einen Flugschein. Dann habe ich den Flugschein gemacht. Über die Jahre habe ich mich dann hochgedient bis zur Airline Transport Pilot License (ATPL), mit einer dreitägigen Prüfung, das war wie ein Abitur.

Etwa vierzig Jahre später wird die Würth-Gruppe den Flugplatz in Schwäbisch Hall mit einer hauseigenen Airline, der Würth-Aviation, unterhalten, die Landebahn inmitten der Provinz auch von anderen mittelständischen Unternehmen im Umkreis gut nachgefragt sein und Reinhold Würth mit fast achtzig Jahren 7000 Flugstunden in Command absolviert haben, open end …

Die stürmischen Siebziger

Lager und Büro befinden sich inzwischen in der Künzelsauer Bahnhofstraße und platzen aus allen Nähten. Flure und Gänge stehen voll mit Schreibtischen, die Benutzung der Treppen erfordert Geschick, denn sie sind Stellfläche für alles, was nicht mehr ins Lager passt. 1968 wird das neue Verwaltungsgebäude in Gaisbach bezogen.

Das Unternehmen wächst rasant: Von 1970 auf 1971 verdoppelt sich das Personal der Adolf Würth KG von 254 auf 502 – und bis 1980 noch einmal auf über 1000 Mitarbeiter. Der Gesamtkonzern beschäftigt insgesamt sogar 3405 Menschen.

K.Sp. *Reinhold Würth hat schon immer weit vorausgeschaut. Anfang der Siebziger, da waren wir vielleicht fünfzig Verkäufer, hat er gesagt: Wir werden mal hundertfünfzig sein. Das hat von uns keiner glauben können. Oder seine Umsatzprognosen: Viele haben gesagt, der spinnt. Aber dann hat man das angestrebt und es hat funktioniert.*

Der Betrieb wird damals sehr familiär geführt. Sind die Mitarbeiter in der Mittagspause, wird das Telefon auf die Privatwohnung umgestellt und Carmen Würth nimmt die Bestellungen auf. Service ist alles. Kein Kunde darf ins Leere gehen.

Die Umsatzentwicklung steigt seit 1955 Jahr für Jahr um zwanzig bis fünfzig Prozent. Ab 1966 wird diese Steigerung durch den Erfolg der Auslandsgesellschaften sogar noch verdoppelt. 1975 erwirtschaftet der Gesamtkonzern mit 1769 Mitarbeitern einen Umsatz von über 200 Millionen D-Mark.

1971

Für die Verkäufer ist es eine Treiberei ohne Ende. Wird das Lager erweitert, muss der Vertrieb angeheizt werden, hat der dann neue Dimensionen erreicht, braucht man ein größeres Verwaltungsgebäude, noch mehr Verkäufer, ein neues Vertriebszentrum, modernere Logistik, EDV... Dieses Wachstum muss finanziert werden – und so befindet sich das Unternehmen fest im Griff des Akkumulationsgesetzes.

Im Landkreis Hohenlohe ist Würth damals schon eine Firma mit hohem Ansehen. Dort zu arbeiten, das hatte »etwas Bestimmtes«. Das extreme Wachstum, das besondere Auftreten der Mitarbeiter, all das strahlt nach außen, wirkt ein wenig geheimnisvoll. Manchmal sogar spektakulär.

Nach der Arbeit gehen die Führungskräfte und Kollegen noch zusammen etwas trinken, den Tag besprechen, Erfolge feiern. Das alles wurde von den Künzelsauern gewissenhaft beobachtet und ausgewertet. Einer, der später selbst auch Mitarbeiter bei Würth wurde, erzählt:

Da kam so ein Big Boss mit vielen Kollegen und hübschen Sekretärinnen – und dann hieß es: Alles auf Big-Rechnung! Wir haben gestaunt, wie die Sekt aufgefahren haben. Für uns war das damals unvorstellbar ...

Berüchtigt ist der Sprung der Mitarbeiter von der Kocherbrücke am Freibad des Flusses. Ihm ging eine Wette voraus:

Wer nicht springt, zahlt die nächste Zeche im Café Frick,
dem damaligen Stammlokal. Da die Hohenloher noch sparsamer
sind als die Schwaben, sprangen natürlich alle – so wie Gott
sie schuf – ins Wasser. Es gab nur ein einziges benutztes Hand-
tuch, das vom letzten Training im Auto liegen geblieben war.
Damit stellte sich einer ans Kocherwehr und hielt für die anderen
Handtuch und Klamotten bereit.

Keine Werbekampagne hätte die Unternehmenskultur von Würth wirkungsvoller kommuniziert: Was die sich trauen! Die sitzen nicht nur am Schreibtisch, sondern haben Mut und machen was zusammen!

→ Ehrgeizig und rechthaberisch.

→ Er war ja nicht lange Kind. Diese Phase fehlt
  ihm wahrscheinlich ein bisschen.

→ Brav, glaube ich.

→ Sehr ehrgeizig. Vielleicht dadurch sogar
  ein bisschen isoliert.

→ Ehrgeizig vielleicht? Fröhlich?

→ Auf jeden Fall mit einem Funkeln in den Augen.

→ Wahrscheinlich ein hartnäckiger Spund,
  der nicht einfach zu erziehen war.

→ Ungeduldig. Sehr wahrscheinlich äußerst ungeduldig.

→ Der war brav. Er hatte eine strenge Mutter.

→ Er wollte immer der Beste sein.

Das
Vorbild

2003

Das Vorbild

Ein Vorgesetzter kann von einem Mitarbeiter nur das verlangen, was er selbst zu tun bereit und in der Lage ist. Reinhold Würth

Reinhold Würth verlangt von seinen Mitarbeitern hundertprozentigen Einsatz. Was er darunter versteht, das macht er ihnen täglich vor. So geht die entscheidende Haltung und Leistungsmotivation direkt von ihm aus.

> V. R. *Er versucht, die Menschen mitzunehmen, indem er es vorlebt. Er gibt das Gefühl: Mit mir zusammen hast du die Chance, dich weiterzuentwickeln. Und an dem Erfolg, den wir erreichen, kannst du teilhaben.*

> P. Z. *Wir spüren heute noch, dass wir täglich in einer Art Ausbildung sind. Dass er eben sehr viel weitergeben möchte. Das wird nie aufhören. Er wird nie alles gesagt haben.*

Er kümmert sich ständig intensiv um die Weiterentwicklung des Unternehmens und seiner Mitarbeiter. Kommt ein interessantes Managementbuch heraus, geht ein Kontingent an seine Führungskräfte mit dem Hinweis »Lesen Sie bitte Seite 165!«.

Reinhold Würth wird sehr bewundert, sogar verehrt, allerdings auch gefürchtet. Er stehe über den Dingen, sagen selbst engste Mitarbeiter. Seine patriarchalische Präsenz habe das Unternehmen so weit gebracht. Entsprechend groß ist der Respekt, er setzt schon ein, wenn seine Limousine vor dem Verwaltungsgebäude parkt.

D.Sch. *Wenn man weiß, Professor Würth ist im Haus,*
dann springen letztendlich alle, das ist immer noch so.

Energie und Neugier
Mich interessiert immer der Blick ums Eck
und hinter den Berg. Reinhold Würth

Reinhold Würths Haltung, immer zu hinterfragen, sich nicht mit dem erstbesten Ergebnis zufriedenzugeben, immer nach neuen Möglichkeiten Ausschau zu halten, überträgt sich auf die Mitarbeiter:

P.Z. *Mich hat nicht nur das Unternehmen fasziniert, sondern*
ganz besonders auch Reinhold Würth als Person und diese
Kultur, die er geschaffen hat. Reinhold Würth hat extrem früh
jungen Leuten vertraut, und man war in der Lage selbst
auszuloten, was man kann, was man nicht kann. Er hat immer
durch seine eigene Neugierde bestärkt diesen Wesenszug in
sich selber zu wecken, selber zu sehen, wie weit das gehen kann.
Nicht nur aus Karriereantrieb, sondern: Was ist? Was kommt?
Was kann man? Also Lust und Freude zu entwickeln, sich
selber weiterzuentwickeln. Das war der Grund, warum bei mir
diese starke Bindung entstanden ist.

Wir kommen mit unterschiedlich großen Energiepaketen auf die Welt, Aspekte wie Lebensgefühl und Lebenshaltung wirken sich zusätzlich aus. Bei Reinhold Würth stehen offenbar alle Parameter ganz oben. Seine Mitarbeiter sind fasziniert von seiner extremen Energie und Neugier. Er liebt die Aktivität, das Setzen von Impulsen.

> J. M. *Dieser Mann kann mit einer unglaublichen Energie an etwas dran sein – und mit einem Überblick ...!*

> J. C. V. *Jeder normale Mensch hört auf, wenn er ein paar Millionen hat. Aber Reinhold Würth geht es nicht mehr ums Geld. Er will einfach wissen, was noch geht.*

> H. U. *Er ist ungeheuer wiss- und lernbegierig. Und wenn ihn etwas fasziniert, dann stürzt er sich drauf.*

> M. Sch. *Er ist jetzt 79, er könnte ja auch mal sagen, jetzt ist es gut. Aber er treibt und treibt und treibt und treibt ... Ich weiß manchmal auch nicht, wo er diese Kraft herholt. Wenn es wasserdichte Diktiergeräte gäbe, dann würde er unter der Dusche sicherlich auch noch diktieren.*

> C. S. W. *Diese Energie, die schon seine Mutter hatte und die sich auch bei seiner Tochter Bettina abbildet, ist außerordentlich, seine Vorwärtsgewandtheit ist auch mit 79 noch ungebrochen!*

Ruhige Momente, um in die Luft zu gucken, gönnt er sich nicht. Zeit ist seine wichtigste Ressource. Jede Stunde wird genutzt – er diktiert, arbeitet den Postkoffer durch oder liest die Zeitung. Wenn es sich einrichten lässt, entspannt er sich bei einem Mittagsschläfchen. Den drei Empfehlungen seines Fliegerarztes, der ihn zweimal jährlich durchcheckt, versucht er zu entsprechen:

1. Immer so essen, dass noch ein Nachtisch reingeht – und den dann weglassen (Schwierigkeitsgrad hoch, denn er liebt Süßes).
2. Immer viel Bewegung (er schwimmt gern, fährt Rad, macht täglich Gymnastik).
3. Nicht aufhören zu schaffen (geschenkt).

Reinhold Würth wird eine gute Vitalität bescheinigt. Er ist so aktiv, dass es selbst für weitaus jüngere Manager strapaziös werden kann, mit ihm zu reisen. Jedenfalls sind sie heilfroh, wenn sie wieder zu Hause sind. Jürg Michel erzählt:

J. M. Im Herbst 2013 bin ich mit ihm nach China gereist. Am Morgen hatte er noch eine Commitment-Konferenz geleitet und am Abend einen Vortrag gehalten. Dann ist er im Anzug zum Flugzeug gekommen, hat sich ins Cockpit gesetzt und ist nach China geflogen. Mit achtundsiebzig Jahren!
Morgens um vier sind wir in Jekaterinburg in Russland zwischengelandet, um zu tanken. Das Bild vergesse ich nie mehr. Wie in einem James-Bond-Film! Die Russen sind mit ihren Fellmützen und roten Bändern auf den Ärmeln herumgelaufen, es war dunkel und eiskalt. Wir hatten eine Stunde Aufenthalt. Herr Würth ist aufgestanden, hat Zeitung gelesen und dann ging es weiter nach China. Gegen halb vier nachmittags Ortszeit kamen wir in Shenyang im Norden von China an. Und da sagt er beim Aussteigen zu mir: So, Herr Michel, jetzt gehen wir noch in die Firma. Hab ich gesagt: Herr Würth, jetzt gehen wir nicht mehr in die Firma. Bis wir dort sind (das wären noch mal zwei Stunden Fahrt gewesen), ist niemand mehr da.

Ich war sargmüde, obwohl ich ein bisschen geschlafen habe.
Er aber hat die ganze Nacht das Flugzeug gesteuert – und will
dann noch in die Firma! Und so ging es die ganze Reise.

Hier handelt es sich eindeutig um eine Lieblingsnummer des Chefs: energiegeladen ankommen, die Geschäftsstelle in Schwung bringen und sich dann aufs Ohr legen.

K. Sp. *Einmal kamen wir aus den USA zurück, sind morgens*
in Frankfurt gelandet. Und dann sagte er: So, Specht, jetzt gehen
wir in die Firma, lassen Dampf rein und dann gehen wir
heim und legen uns hin zum Schlafen.

In seinen Augen haben viele junge Leute von heute kein Durchhaltevermögen. Wenn er seinen Managern auf dem Flugplatz mit ihren Rollkoffern begegnet (»die sie wie Kranke hinter sich herziehen«), nimmt er demonstrativ seinen Postkoffer und trägt ihn selbst.

Manchmal ist es ja vielleicht gar nicht gut, dass ich meinen Körper so domestiziere, aber ich kann das. Weil ich eine Methode entwickelt habe. Wenn ich irgendwo hinreise, stelle ich mir schon am Abflugort die Zeit des Zielorts ein. Dann reise ich schon in dieser Zeit und lasse mich nicht übermannen: Ja, guck mal, jetzt ist es zu Hause ja schon morgens um vier, oder so ... Und wenn ich ankomme, lasse ich mich auch nicht verrückt machen. Ich gehe dann nicht gleich ins Bett, sondern mache den Tag erst noch richtig fertig. – Ja, das sind so kleine Tricks, mit denen man ein bisschen die innere Uhr überlisten kann.

Diese Methode scheint Reinhold Würth nicht nur auf seine innere Uhr, sondern auch auf seine Wärmeregulation anzuwenden:

P. Z.   *Nach der 50. Beiratssitzung in Dubai 1999 hat er ein paar Leute eingeladen, mit ihm noch in den Oman zu reisen. Unser Ziel war das Al Bustan Hotel in Muskat, wo wir nach vier Tagen Wüstenfahrt in fürchterlicher Hitze ankamen. Dort gab es ein italienisches Restaurant. Und nach ein paar Tagen Arabisch freut man sich sehr auf eine Klimaanlage. Und (lacht) wir haben versucht, Herrn Würth beizubringen, dass wir da gerne zu Abend essen würden. Doch er meinte, er würde eigentlich gerne im Freien essen. Es waren abends noch 37, 38 Grad. Und er kam dann tatsächlich mit Krawatte und Sakko. Er behauptet von sich, er könne sich befehlen, dass es nicht heiß ist. Also er sagt sich einfach: Es ist jetzt kalt. Wir haben natürlich schon gesehen, dass er schwitzt. Aber er scheint zu glauben, dass er eben über seine Psyche dieses Thema kontrollieren könne. Wir sind bald zerschmolzen, aber er ist da unerbittlich gegen sich selbst. Er hat eine Art der Kontrolle über sich, die ich zumindest nicht habe. Für mich ist das ein Ausdruck von Energie.*

Aktivität und Neugier, das sind zwei Komponenten des Kraftstoffs, der Reinhold Würth auf Hochtouren laufen lässt. Eine interessante Wahrnehmung hierzu hat José C. Viana. Er nimmt Personen und ihre Eigenschaften als Farben wahr, denn seine zweite Berufung ist die Malerei. Bei Reinhold Würth sieht er neben dem Rot deutlich die Farbe Gelb:

J. C. V. ==*Gelb ist eine sehr angenehme Farbe,*== *die gewisse Stimmungen erzeugen kann. Reinhold Würth ist sehr ungeduldig, voller Energie und hochgradig aktiv. Aber er beherrscht seine Unruhe durch dieses Gelb, das ist die andere Seite: Er sagt zu sich selbst: Pass auf! Beherrsche dich doch! Das ist das Gelb.*

Der Ehrgeiz, Erster zu sein
Ich will Spuren hinterlassen. Reinhold Würth

Reinhold Würth ist neugierig, was hinter dem Berg ist. Er will aber auch der Erste sein, der es sieht. Entsteht etwas Neues, ist er dabei – und optimiert es. Er will Spuren hinterlassen und weiß sich zu positionieren. Er liebt den Wettbewerb. Schmunzelnd zitiert er frei nach Ringelnatz: »Gegen Euer scheiß München ist unser Stuttgart ein Paris.«

Weil Reinhold Würth gern gewinnt, misst er sich bevorzugt da, wo er die Nummer eins sein kann. Tennis hat er nur ein einziges Mal gespielt und Skat kann er nicht, weil man es, ohne zu verlieren, nicht erlernt.

K. Sp. Das hat ihm schon gefallen, wenn er einen schlagen konnte. Er hat uns 1991 nach Portugal eingeladen und gesagt: So, Specht, jetzt fahren wir Fahrrad. Und ich hab das doch vierzig Jahre lang nicht mehr gemacht! Er dagegen ist Fahrrad gefahren wie ein Weltmeister. Er hatte für sich so Riegel dabei, Schokolade und Zeug – und ich nix. Auch nix zu trinken. Dann ist er vorgefahren und ich hab gedacht: Du leckst mich doch am Hut! Ich wollte einen Lastwagen anhalten, mein Fahrrad raufschmeißen und den

Berg hochfahren. Doch dann habe ich gedacht: Das lasse ich, das mache ich lieber nicht. Als ich oben angekommen bin, sagte er: Karl, ich habe auf jeden Lastwagen geguckt, dir hätte ich zugetraut, dass du auf einem Lastwagen bist. So ein Schlitzohr ...! Wir haben oft gleich getickt. Und ich muss auch sagen: Oben hat er mir dann einen Riegel abgegeben und anschließend hat sich meine Kraft wieder aufgebaut, sodass ich ihm fast davongefahren bin.
Er hat es geliebt, Erster zu sein. In vielen Sportarten wäre ich besser gewesen als er. Allerdings nicht im Fahrradfahren. Das hat er genossen. Abends hat er mir wieder Bier gebracht und mich verwöhnt.

Bergwanderung, 1988

Die Freude, seine Pflicht zu erfüllen

Wichtig ist: Ärmel hochkrempeln und schaffen! Reinhold Würth

Für Reinhold Würth ist ein Tag ein guter Tag, wenn er etwas geschafft hat. Um sich zu messen, braucht er nicht unbedingt ein Gegenüber, er orientiert sich dann an seinem eigenen Anspruch: »So, jetzt hab ich wieder eine Stunde diktiert«; »Ah, jetzt habe ich in drei Tagen diesen hohen Stapel abgearbeitet«. So spornt er sich an, verschafft sich Genugtuung. Würde er mal einen Tag ins Bett gehen, ohne irgendetwas diktiert zu haben, wäre es für ihn ein verlorener Tag.

In die Kategorie »Es ist eine Freude, seine Pflicht zu erfüllen« gehört auch sein Tagebuch-Schreiben. Mit den Worten »Oh, ich muss jetzt noch Tagebuch schreiben«, verabschiedet er sich gern schon frühzeitig bei Veranstaltungen. Es sind solche Details, die die Mitarbeiter aus der Fassung bringen:

F. S. *Er schreibt jeden Tag! Jeden Tag! Tagebuch. Er schreibt Tagebuch! Jeden Tag schreibt der Tagebuch, abends um zehn oder elf, auch in jedem Hotel.*

Hermine Künast war über vierzig Jahre lang die persönliche Sekretärin von Reinhold Würth. Sie ist schon lange pensioniert. Doch auch heute noch kommt »meine Hermine« einmal in der Woche vorbei und holt die neuesten Diktate, um sie abzuschreiben. Warum er das Tagebuch schreibt?

Später, wenn ich mal mausetot bin, ist es vielleicht interessant für die Nachwelt. Und vielleicht ist das einer der Antriebe dafür. Ich meine, es ist sicher eines der bestdokumentierten Unternehmerleben, die es überhaupt gibt. Aber es ist auch heute hochinteressant. Ich schaue dann schon mal, was an einem Tag vor dreiundzwanzig Jahren war. Und da können Sie die Familie bei Familientagen enorm zum Lachen bringen, wenn dann diese Geschichten erzählt werden, die so lange zurückliegen.

Anfang der siebziger Jahre hat er mit seinen, damals noch hand-schriftlichen, Aufzeichnungen begonnen. Manchmal gibt es zwei, drei Tage, wo er nicht zum Schreiben kommt. Doch dann reka-pituliert er und trägt nach. Jeder Tag ist seitdem dokumentiert.

> Ich halte überwiegend Fakten fest. Also, es ist selten, dass ich da in die Emotion gehe und große philosophische Ausführungen mache. Gar keine Zeit dazu. Ist also eine reine Faktensammlung. Und Assoziationen kommen auch rein.

Die Dokumentationswut macht vor den Geschäftsführern nicht Halt. Sie müssen alle Veranstaltungen schriftlich festhalten. Und wenn einem von ihnen eine chronologische Lücke auf-fällt, ruft er Hermine an, denn im Tagebuch des Chefs steht garantiert schon alles drin. Eine große Herausforderung für die vierhundert Geschäftsführer der Würth-Gesellschaften ist die Pflicht, einmal jährlich ihren persönlichen Firmenbericht zu verfassen.

F. S. *Es gibt eine Verpflichtung, dass jeder Geschäftsführer pro Jahr einmal seine Firmengeschichte abzuliefern hat. Bei Reinhold Würth persönlich. Alle Geschäftsführer müssen das machen. Dabei geht es nicht um die Bilanzzahlen, sondern was in diesem Jahr konkret passiert ist. Um Erfolge und Niederlagen, auch um persönliche Dinge. Er ist penetrant drauf aus, dass die Berichte pünktlich bei ihm eingehen.*

J. M. *Ein Thema, wo ich am Anfang gedacht hab: Ja, um Gottes Willen, wenn vierhundert Firmen Firmengeschichte schreiben, wer liest denn das alles? Aber ich musste mich dann halt auch dazu bewegen lassen, für die Würth Finance* (lacht) *jedes Jahr die Firmengeschichte zu schreiben. Und das haben wir dann auch gemacht. Mit ein paar Mitarbeitern zusammen haben wir unsere Erlebnisse geschildert, Berichte aus den einzelnen Abteilungen angefertigt, Anlässe illustriert mit Fotos usw. Und es kam jedes Jahr ein Schreiben, dass er sich zwei Stunden Zeit nimmt, um so ein Ding zu lesen, und begeistert ist. Solche Dinge sind natürlich hocherfreulich und motivieren sehr. Das Management, aber auch die Mitarbeiter, sind dann stolz auf ihre Arbeit.*

Reinhold Würth bedankt sich für die Mühen seiner Geschäftsführer immer sehr herzlich:

Prof. Dr. h. c. mult. Reinhold Würth
Vorsitzender des Stiftungsaufsichtsrats
der Würth-Gruppe

Heute habe ich mir volle zwei Stunden Zeit genommen …
Sie haben mir eine große Freude gemacht … Ich habe heute
am 1. Mai Ihre Firmengeschichte gelesen, Wort für Wort.

Der Mut, Entscheidungen zu treffen

Die Welt ist voll mit Wissensriesen, aber auch voll mit Realisierungszwergen. Reinhold Würth

Reinhold Würth ist nicht nur ein genialer Kaufmann, sondern auch ein Vollblutunternehmer. Und wer so einer ist, der setzt auch gern mal den betriebswirtschaftlichen Faktor außer Kraft und verlässt sich auf seinen Bauch.

P. Z. *Unternehmerischen Mut hat er oft bewiesen. Wir haben ja durch die Größe des Unternehmens sehr viele Einflüsse natürlich aus Governance-Gründen. Aber wenn er dann in der Lage ist, solche Dinge über Bord zu werfen und seinen unternehmerischen Instinkt zum Ausdruck zu bringen, das erstaunt mich. Ich bin froh, dass nicht alles rechenbar gemacht wird. Wir kaufen gerade ein Unternehmen, wenn wir da nur auf unsere Mergers & Akquisition-Leute gehört hätten, wir hätten es nicht getan. Und natürlich bin ich da froh, wenn Reinhold Würth meine Haltung auch vertritt, dass das nicht bis zur letzten Stelle hinterm Komma berechenbar ist. Man muss auch ein Stück weit unternehmerisches Risiko entscheiden lassen.*

H. U. *Er hat immer gesagt: Das interessiert mich. Das ist ähnlich wie Bilder kaufen. Das gefällt mir, dann nehme ich es. Ob dieses oder jenes Unternehmen jetzt in unsere Gruppe reinpasst oder nicht ... Also das wird schon irgendwie gehen. Und wenn nicht, dann kaufen wir halt da noch ein paar Sachen drum rum, dann passt es wieder.*

Hier wirkt natürlich der Heimvorteil des Kapitaleigners begünstigend. Wer sonst könnte sich eine Bank zulegen, Produktideen in Erwartung ihres langfristigen Erfolgs mit einem Millionenbudget vorantreiben, marode Firmen im Vertrauen aufkaufen, dass sie unter dem Würth-Management zu hochprofitablen Fertigungsbetrieben erblühen?

N. H. *Vor elf Jahren wollten wir, die damalige Geschäftsleitung von Würth Elektronik, eine amerikanische Firma kaufen, die in China produziert hat. Zu diesem Zukauf in Höhe eines zweistelligen Millionenbetrages gehörten auch viereinhalb-tausend chinesische Mitarbeiter, die in Produktionen dieser Firma Induktivitäten gewickelt haben. Also sehr hohe Hand-arbeitsquote, und keiner hat sich getraut, in die Würth-Gruppe ein Unternehmen mit viereinhalbtausend Chinesinnen und Chinesen einzubringen. Wir sind durch alle Hierarchieebenen, bis wir am Ende einen Termin bei Reinhold Würth hatten. Das Treffen war auf eine Stunde angesetzt. Weil sich sein vor-heriger Termin verzögert hatte, kam er erst zehn Minuten vor Ende dieser Stunde und musste dann auch gleich wieder zum Flieger. Er meinte: Aber jetzt können wir das doch geschwind machen.*
Und so haben wir in fünf Minuten das präsentiert, was wir in fünfundvierzig Minuten präsentieren wollten. Dann war alles gespannt. Die Konzernführung saß dabei und sagte: Hm, na ja. Er aber hat schnell gerechnet, was ein Scheitern für die Würth-Gruppe bedeuten würde. Und dann hat er gesagt: Ach, die beiden haben schon so oft gezeigt, dass sie es können.

Der Zukauf ist zwar kritisch, aber jetzt vertrauen wir denen mal,
dass sie es hinkriegen.

Sagte es, stand auf und ging. Was er mit dieser Entscheidung auch
vermittelte: volles Vertrauen in die Führungskräfte, Mut und Zu-
versicht. Heute arbeitet das Unternehmen, das damals übernommen wurde, sehr erfolgreich.

N. H. *Dieses Visionäre, dieses Vorausdenkende, Mut zu haben:*
Mensch, lehn dich nach vorne und hol dir das Ding. Das
kennzeichnet ihn als visionären Geschäftsmann. Und es ist eine
Facette der Unternehmenskultur – sich jugendlich-dynamisch
und innovativ nach vorne zu bewegen. Und nicht so abwartend
und risikoscheu: Hach, gucken wir mal, und es müssen noch
zehn Leute bestätigen, bis es dann so kommt. Und das will er
jedem seiner Führungskräfte, ob jetzt in der Würth KG oder auch
darüber hinaus im Konzern, vermitteln: Seid mutig, geht nach
vorne, gebt was.

Reinhold Würth ist für sein gut aufgestelltes Management immer
noch die Orientierungsfigur. An den Konferenzen nimmt er regelmäßig teil. Oft werden dann Themen, die bis dahin nur in der
Diskussion waren, auch entschieden.

N. H. *Also, es gibt eine unglaublich große Sicherheit, zu wissen,*
dass die strategischen Themen, die wir auf den Weg bringen, die
Zustimmung von Reinhold Würth haben. Dabei zu sein, mitzu-
entscheiden, ist nicht nur ihm wichtig, sondern vor allem auch uns.

Auch in persönlichen Dingen ist Reinhold Würth entscheidungs-stark, zum Beispiel, wenn es um die Erfüllung seiner Vorlieben und Bedürfnisse geht:

J.M. Wenn Herr Würth unterwegs ist, dann ist alles organisiert: Top-Hotels, die besten Restaurants. Am zweiten Abend in China hat er zu mir gesagt: Wissen Sie, ich mag dieses Top-Essen nicht mehr. Ich will jetzt mal richtig chinesisch essen. Da hab ich gesagt: Gut, Herr Würth, das mache ich für Sie. Aber ich musste das lokale Management fast dazu verdonnern, dass wir irgendwo in einer Straßenbar in China Mittagessen gehen konnten. Weil: Das ist gefährlich! Das können wir nicht machen! Da hat er gesagt: Jetzt machen wir es einfach, fertig. Und er hatte eine Riesenfreude. Wir sind in eine dieser kleinen Gar-küchen gegangen, wo die Handwerker in ihren blauen Überzügen essen. Wo man Suppentopf und Hühnerbeine und weiß ich was (lacht) *bekommt. Und da kommen wir mit Limousine. Das war für die Chinesen natürlich ein Erlebnis. Und so ist er. Also ganz normal.*

Intuition: Spüren, was stimmt

Ein guter Manager zeichnet sich besonders durch
die Eigenschaft des Zuhörenkönnens aus. Nur
so ist es möglich, Einblicke in die Gedankengänge,
Wünsche, Probleme und Vorstellungen eines
Gesprächspartners zu finden. Reinhold Würth

Egal, ob es sich um mathematische Berechnungen, technische Details, betriebswirtschaftliche Finessen oder komplexe Argumen-
tationsketten handelt – ist Reinhold Würth bei Konferenzen oder
Präsentationen zugegen, beschreiben die Anwesenden ein immer
wiederkehrendes Szenario: Er hört zu, sehr aufmerksam, total
konzentriert, dann denkt er kurz nach und stellt seine Fragen:
»Ja, sagen Sie mir bitte noch einmal, wie meinen Sie das genau?«
Oder: »Glauben Sie nicht, wenn Sie das andersherum machen,
dass das einfacher ist?« Oder: »Könnten Sie mir bitte noch genau
beschreiben, wie dies und das funktioniert?«

J. C. V. *Auf einer Konferenz reden drei, vier Leute und plötzlich*
sagt er: Moment! In diesem Augenblick spürt er, dass etwas nicht
stimmt. Das ist seine Intuition. Er ist äußerst intuitiv, das ist
die Fähigkeit, die ich am meisten an ihm bewundere!

H. U. *Das sind dann oft genau die Punkte, bei denen man selbst*
noch unsicher ist. Und dann sagt man sich: Warum habe ich das
vorher nicht richtig durchdacht? Nach zwei Minuten, also nach
sehr kurzer Zeit, sticht er genau in diesen Punkt hinein.

Durch das schnelle Feedback werden neue Ideen frühzeitig optimiert und zugespitzt – oder entschärft. Was es auf jeden Fall auch bewirkt, ist eine starke Selbstzensur der Mitarbeiter. Man befürchtet, bloßgestellt zu werden, bereitet sich akribisch vor. Es kann allerdings auch mal dazu führen, dass manch gute Idee zu lange oder für immer in der Schublade bleibt.

Andererseits nimmt Reinhold Würth Erfolg versprechende Ideen schnell auf, treibt sie virtuos weiter, variiert sie und katapultiert sie in Dimensionen, die zu denken vor ihm keiner gewagt hätte – dann sind es allerdings auch seine Ideen geworden.

Der Spaß am Verkaufen

Noch heute fühle ich mich als erster Verkäufer des Unternehmens. Reinhold Würth

Reinhold Würth liebt das Verkaufen sehr, das begreift man, wenn man ihn voller Leidenschaft sagen hört:

Für mich ist der Verkäuferberuf der schönste Beruf auf der Welt. Er ist so bereichernd und faszinierend, weil sie mit allem, was auf Gottes Erdboden herumrennt, zu tun haben.

Nach wie vor ist er der Superspitzentopverkäufer des Unternehmens. Er pflegt den Kontakt zum Außendienst zum Beispiel dadurch, dass er sich immer mal wieder unangekündigt morgens zu einem seiner 30.000 Verkäufer ins Auto setzt und einen Tag mitfährt. Miterleben kann man das auf YouTube, wenn man die drei Beiträge mit dem Titel »Wie wird man Milliardär – die Reinhold Würth Story« aufruft.

Wie wichtig der direkte Kontakt zum Kunden ist, das weiß Reinhold Würth aus fünfundsechzigjähriger Erfahrung. Wo immer er hinkommt, schaut er bei den Kunden rein. So geschehen vor Kurzem in einer chinesischen Autowerkstatt.

Viele Chinesen bringen ihrem Auto große Wertschätzung entgegen. Darum hat Würth sogenannte Car-Care-Shops entwickelt, wo man sein Auto intensiv reinigen und pflegen kann, Unterbodenschutz hineinspritzen und all diese Dinge, die es bei uns kaum noch gibt. Und man kann natürlich Würth-Produkte kaufen.

Erfahrene Verkäufer sagen: Bis ein Chinese was kauft, das braucht Zeit. Vor allem, wenn es auch noch etwas teurer ist. Und da war es sehr faszinierend für das chinesische Management, Reinhold Würth bei einer Verhandlung zu erleben.

J. M. *Sie müssen sich vorstellen, chinesisches Separee. Wenn es um Höflichkeit geht, geht man in ein separates Büro. Es gibt Kaffee und Kuchen, Höflichkeiten werden ausgetauscht, was üblich ist. Dann hat der Chinese erklärt, was er für ein Unternehmen hat, welche Vision er hat, wie er das ausbauen will usw. Und dann hat Herr Würth ein bisschen erzählt, was er gemacht hat und was wir in China tun. Und am Schluss hat er dann so begonnen:*
»Ja, kaufen Sie auch was von uns?«
Der Chinese (lächelt): »Ja, ja.«
»Wir haben ja unten Produkte.«

Der Chinese (lächelt): »Ja, ja.«

»Ja, aber ich hab gesehen, da steht ein Werkstattwagen von der Konkurrenz, das passt doch nicht. Unsere sind viel besser.«

Der Chinese (lächelt): »Ja, ja.«

»Schauen Sie mal, das ist das Beste, und die kommen jetzt hierher und ich empfehle Ihnen, das zu kaufen.«

Und der Chinese würde ihm schon einen Gefallen tun, wenn er nachher eine Bestellung bei uns platzieren würde. Und dann ging es um Preise. Und da hat Würth gesagt: Gut, weil Sie so nett mit uns waren, räume ich Ihnen einen Sonderrabatt ein, einmalig und so weiter. Und am Schluss hat der zwei Service-wagen mit Werkzeug bestellt.

Das war beispielhaft für unsere Verkaufsleute, dass der oberste Chef von 64.000 Mitarbeitern sich die Mühe macht, in so eine Garage zu gehen, um eben zu zeigen, wie man verkaufen kann. Er ist sehr, sehr persönlich, sehr präsent und sehr natürlich dabei. Und ohne irgendwelches »Ich bin der große Chef«, das kommt nie von ihm.

Qualität, Qualität, Qualität

Reinhold Würth ist Perfektionist. Manche sagen, er sei penibel, andere sehen bei ihm einen hohen Qualitätsanspruch. Er lasse zwar mitentscheiden, machen und tun, gebe ein großes Maß an Vertrauen und Freiheit. Aber dann kontrolliere er, hake nach, verfolge Termine. Und die Hoffnung, dass er etwas vergisst – die könne man vergessen …

Sein Bedürfnis nach hundertprozentiger Perfektion bezieht sich auf Kennzahlen, auf den Schriftverkehr, auf schief geklebte Paketadressen, auf die Ordnung in den Toilettenräumen ... Alles, was nicht perfekt ist, ist ihm ein Horror. So kümmert sich der oberste Konzernchef mit dem größten Überblick und der höchsten Entscheidungskompetenz zusätzlich auch noch um jedes Detail. Nichts entgeht seinem wachsamen Auge. Qualität, Qualität, Qualität – er trommelt es in die Köpfe seiner Geschäftsführer hinein – und diese in die ihrer Mitarbeiter und Azubis. Das war von Anfang an so.

Als sich Paul Jakob in die Pension verabschiedete, dichtete er:

> *Wenn Tagfertigkeit war in Gefahr,*
> *wenn die Adresse schief,*
> *verklebt auf dem Pakete war,*
> *dann gab es einen Brief.*
> *Und Reinhold Würth, er registrierte,*
> *was andere gänzlich übersehn.*
> *Und wenn sein Weg auch in die letzte Ecke führte,*
> *er sucht es, das Betriebsgeschehen.*
> *Und wenn er dann in Fliegersprache schreibt,*
> *bereinigen Sie die Ecke Nord Nordwest Verwiegerei,*
> *mir nur der Kompass noch verbleibt,*
> *bei falscher Ortung gibt es Brief Nummer zwei.*

Reinhold Würth ist großzügig. Aber für seine Großzügigkeit erwartet er auch eine Gegenleistung: Seine Mitarbeiter sollen mit seinen Augen sehen, mit seinem Gefühl fühlen und mit seinem Anspruch denken. Und weil er so denkt, hat er auch keinerlei Hemmungen, sich über die Hierarchien im Unternehmen hinwegzusetzen.

c. s. w. *Egal, wer ihm im Lager über den Weg läuft – das kann auch Herr Friedmann, der Konzernsprecher sein –, wenn er findet, dass dort irgendetwas nicht in Ordnung ist, nicht Würth-like, dann sagt er das demjenigen. Und Sie dürfen mir glauben, dass wir uns darum kümmern. (lacht) Mitunter haben die Herausforderungen, vor die man gestellt wird, auch lustige Züge.*

Während einer Konferenz erhielt Peter Zürn von Reinhold Würth das überraschende Angebot, Geschäftsführer der Adolf Würth GmbH & Co. KG zu werden. Er sagte zu und bekam zur Einführung ein acht Seiten langes Schreiben, in dem der Chef ihn persönlich aufforderte, Missstände im Lager zu beseitigen.

p. z. *Also bin ich dann freitagnachmittags mit einem Kollegen die Etappe gemäß seinem Schreiben abgewandert und habe versucht, die Dinge zu lösen. Habe Dreck weggefegt, das fehlende Fass zum Schild »Leere Batterien in dieses Fass entsorgen« rangeschafft und so weiter … Aber das ist natürlich eine irre Bandbreite. Auf der einen Seite den Zigarettenstummel aufzuheben und auf der anderen Seite Entscheidungen zu treffen, die eine große Tragweite haben.*

Bei den Betroffenen entsteht zunächst Irritation, wenn ihr Rollenverständnis derart konterkariert wird. Doch dann wird ihnen auch das Komische der Situation bewusst und schließlich öffnet sich der Blick: Jeder soll sich für alles verantwortlich fühlen. Reinhold Würth selbst nimmt sich da nicht aus. Wenn er den Besen in die Hand nimmt und den Schmutz auf dem neuen Teppichboden wegfegt, dann ist das eine sehr starke symbolische Aussage, die als Anekdote noch weit über den Tag hinaus wirkt.

C. S. W. *Jeder kann alles machen, und er ist nicht jemand, der sagt: Ich sitz vorn und geb an. Sondern: Ich mache es auch.*

Sein Perfektionsanspruch bezieht sich auch auf die Kennzahlen des Unternehmens. Täglich kontrolliert er sie und reagiert mit heftigen Ausschlägen auf jede Abweichung nach unten.

P. J. *Der Servicegrad bei Würth ist ein ganz wichtiger Gradmesser für die Lieferfähigkeit. Und das hat dem Reinhold Würth nie Ruhe gelassen. Liegt er bei einundneunzig bis zweiundneunzig Prozent, entspricht das nicht seinen Vorstellungen, er hätte gern hundert Prozent. Eines Tages bekam ich von ihm einen Anruf aus Hongkong. »Servicegrad, wie ist der Servicegrad?« – »Der ist im Keller.« – »Herr Jakob, tun Sie etwas, dass der Servicegrad wieder hochkommt!« Einige Wochen später hat mich ein Kollege angesprochen: »Na, Paul, hast du den Servicegrad in den Griff bekommen? Ich war nämlich gerade mit Reinhold Würth zusammen, als er dich angerufen hat, reg dich nicht auf! Er hat hinterher gesagt: ›So, jetzt habe ich mal den Dampf wieder reingelassen.‹«*

Wenn Reinhold Würth in der Nähe ist, dann läuft alles etwas akkurater. Denn wer kann, der vermeidet die Konfrontation.

> B. K. *Was er von seinen Leuten verlangt, das macht er auch selber. Wenn ich mit ihm zum Beispiel in der Zentrale in Künzelsau ankomme und irgendetwas auf dem Boden liegt, dann muss ich schnell machen. Sonst macht er das. Er bückt sich und sagt dann: »Haben Sie das nicht gesehen?«*

Martin Schäfer, Geschäftsführer Vertrieb der AW KG, erinnert sich noch sehr gut an eine Situation, die er im Alter von zweiundzwanzig Jahren bei Würth erlebt hat. Er gehörte damals zu den Spitzen-Verkäufern und qualifizierte sich für die die Top-Clubreise nach Dänemark. Er reiste damals mit seinem Auto an.

> M. Sch. *In meinem Auto sah es aus – wie in einem Saustall! Früher hatte ich in meinem Auto immer gevespert und ich hatte es lange nicht geputzt. Wir saßen gerade beim Frühstück und wollten danach einen Ausflug machen. Da sagte Reinhold Würth plötzlich: Ach, Herr Schäfer, kann ich mit Ihnen mitfahren? (Ich dachte nur: So ein Mist!) Aber ich sagte: Ja, selbstverständlich. Meine Frau hatte schon vor Tagen geschimpft, weil ich das Auto nicht geputzt hatte. Und dann bin ich wie der Blitz zum Auto gerannt und habe alles gepackt, was ich gefunden hab – Fußmatten raus, alles raus, ich hatte sogar ein verschimmeltes Käsebrot unter dem Sitz gefunden. Ich bin nass geschwitzt eine halbe Stunde später wieder zurückgekommen, aber wenigstens war mein Auto sauber. Damals war Herr Würth sehr*

*pingelig, was das Thema Verkäuferauto
anging. Und jetzt wollte er ausgerechnet bei
mir, bei einem der damals erfolgreichsten
Verkäufer, mitfahren, und in meinem Auto
sah es aus wie bei Luis Trenker im Rucksack. – Meine Frau erzählt heute noch diese
Geschichte. Sie sagt, so schnell bin ich
noch nie gelaufen ...* (lacht)

Mit Nelson Mandela, 2000

Die Orientierung an sich selbst

Hat Reinhold Würth selbst Vorbilder, an denen er sich orientiert?
Eigentlich nicht. Auf hartnäckige Nachfrage hin fallen ihm drei
Persönlichkeiten ein:

Nelson Mandela:

> Das war für mich eigentlich der größte Mensch, aus meiner
> 79-jährigen Lebenszeit. Ihn bewundere ich heute noch. Fast drei-
> ßig Jahre eingesperrt zu sein, nachher Staatspräsident zu sein
> und keine Rache zu nehmen, das ist wahre Größe.

Theodor Heuss:

> So eine gewisse Selbstironie und das Ganze
> nicht allzu ernst zu nehmen.

Hans L. Merkle, der frühere Chef von Bosch:

> Der Merkle war natürlich ein echter Treiber. Ich meine, der hat
> dieses Unternehmen zu dem gemacht, was es heute ist.

→ Max oder Moritz. Vielleicht aber auch der Onkel.

→ Ein Prinz.

→ Das tapfere Schneiderlein.

→ Ich kann nur sagen: Er wäre nicht Aschenputtel!

→ Sindbad der Seefahrer.

→ Peter Pan.

→ Der Böse Wolf. Den spielt er gern.

→ Prinz Eisenherz - mit Mut und Durchsetzungsvermögen.

→ Prinz oder König - oder wer ist der Oberste?
  Der Kaiser!

→ Manchmal das Rumpelstilzchen.

→ Ein Zauberer.

→ Der verrückte Hutmacher.

Im Werden sein:
First Europe,
then the Globe

Konferenzraum im Würth-Verwaltungsgebäude, 1976

Im Werden sein:
First Europe,
then the Globe

Schluss mit der Hemdsärmeligkeit! Die zunehmende Größe der Würth KG verlangt differenziertere Vorgehensweisen in Verkauf, Verwaltung, Organisation, Planung und Vertrieb. Und mehr Kundenorientierung. Die Verkäufer können nun nicht mehr so frei wie früher agieren, sondern müssen sich an den neu entwickelten Preislisten und Provisionssystemen orientieren.

Führungstechnik und Unternehmensphilosophie

Reinhold Würth besucht Managementseminare bei Prof. Bruno Tietz, einer Koryphäe für Betriebswirtschaft, den er bald als Berater einbindet. Auf den Rat von Tietz hin wird 1975 ein Beirat als Überwachungs- und Kontrollorgan eingezogen und vier Jahre später die Führungskonferenz als operative Konzernleitung darunter installiert.

In der Führungstechnik und klassischen Betriebswirtschaftslehre habe ich viel gelernt von Professor Tietz. Ich habe bei ihm Seminare in Zürich besucht und daraus hat sich eine gute Bekanntschaft entwickelt. Er wurde dann mein erster Beiratsvorsitzender – und das hat mir viel geholfen.

Wann immer dazu Zeit ist, beschäftigt sich Reinhold Würth mit der aktuellen Literatur zu Mitarbeitermotivation und Firmenkultur. Das »handwerklich und rudimentär geführte Management« (Reinhold Würth) und die vielen neuen Mitarbeiter brauchen einen Handlauf auf dem Weg vom Mittel- zum Großbetrieb. Das erkennt Reinhold Würth und formuliert 1975 schriftlich eine Firmenphilosophie. Sie sei ihm einfach so aus der Feder geflossen, sagt er, als Ergebnis von Learning by Doing.

Die damals formulierten Prinzipien gelten noch heute: Neben seinen Management-Mantras, die sich auf Wachstum, Rentabilität und Gewinn beziehen, benennen sie bereits die erwünschten Softskills Vertrauen, Achtung, Kooperation und Transparenz, die im Grundsatz »Der Mensch steht im Mittelpunkt« ihren Ausdruck finden.

P. J. *Er war außergewöhnlich in seinem Denken und in seinem Tun. Natürlich hat er sich inspirieren lassen und viel gelesen. Aber welcher Unternehmer, noch dazu mit einem Handelsunternehmen, hat sich damals schon mit Firmenphilosophie beschäftigt?*

Werden – Sein – Vergehen

Zufällig entdeckt Reinhold Würth Anfang der siebziger Jahre in der Schweiz das Alpentriptychon des spätimpressionistischen Malers Giovanni Segantini (1858–1898) mit dem Titel »Werden – Sein – Vergehen«. Dieses Kunstwerk wird für ihn zum Sinnbild für die Philosophie und Entwicklung seines Unternehmens.

»Werden – Sein – Vergehen«, Triptychon von Giovanni Segantini

Das hat mich gleich sehr beeindruckt. Denn es passt auf alles, was lebendig ist auf der Welt. Menschen, Bäume, Tiere, Betriebe, Weltreiche, Parteien, Kirchen – alles, was lebendig ist, findet irgendwann sein Ende.

Seither verfolgt er das Ziel, sein Unternehmen im Zustand des Werdens zu halten. Werden heißt Wachstum. Solange etwas wächst, ist es in der jugendlichen Phase. Es muss mit aller Anstrengung hinausgezögert werden, dass das Unternehmen in das Stadium des Erwachsenseins, der Stagnation, kommt. Der Zustand der Jugendlichkeit wird aufrechterhalten durch eine Haltung des Lernens, Wachsens und durch die Bereitschaft, Neues auszuprobieren.

> P. J. *Das ist seine Philosophie, dass es wächst, weiter wächst und nicht stoppt. Man muss immer wieder Wachstumsimpulse geben, damit der Laden wächst. Solange etwas wächst, ist es gesund. Wenn es nicht mehr wächst, dann verödet es, verwelkt und geht unter.*

Wer das Triptychon betrachten will, braucht nur der Anfahrts-
beschreibung von Professor Würth zu folgen:

Wenn Sie vom Piz Nair mit den Skiern runterfahren, die hintere
Route in St. Moritz, dann fahren Sie direkt am Segantini-Museum
vorbei. Und dann lehnen Sie halt die Skier an die Wand und
tigern mal rein, und dann sehen Sie das. Es ist ein großes Triptychon und hängt ganz solitär in dem Museum.

Die zweite Generation – Raketenstufe zwei

Obwohl das Unternehmen noch nicht sehr bekannt ist, schafft
es Reinhold Würth mit der ihm eigenen Überzeugungskraft, mit
Charme und Chuzpe, auch die hochqualifizierten Experten an
Land zu ziehen. Denn die braucht er, um seine ehrgeizigen Zu-
kunftspläne zu verwirklichen.

Die Geschäftsleitung – bisher bestehend aus den Vorkämpfern
der ersten Stunde Otto Beilharz, Rolf Bauer, Hans Hügel und Karl
Specht – wird erweitert durch Multitalent und EDV-Spezialist
Harald Unkelbach, Logistiker Paul Jakob, Produktentwickler Karl
Weidner und Organisationsfachmann Dieter Krämer. Fast alle ge-
hören gleichzeitig auch der Führungskonferenz an.

In dem Finanzfachmann José C. Viana erkennt Reinhold Würth
den perfekten Explorer für seine Pläne. Viana ist bereits gut etabliert als Vizedirektor bei der Credit Suisse (damals Schweizeri-
sche Volksbank), als er 1973 abgeworben wird:

J.C.V. *Reinhold Würth hat gesagt, er will Niederlassungen in*
Spanien, Portugal und Brasilien aufbauen und in der Schweiz
eine Finanzfirma gründen. Und er zahlt mir das und das und das,
wenn ich mit ihm zusammenarbeite.
Das war für mich natürlich nicht einfach. Ich hatte eine gute
Position, mitten auf der Bahnhofstraße in Zürich, mit diesen
wunderschönen Lindenbäumen, ich war dreiunddreißig,
hatte schon ein bisschen Bauch, eine Frau und ein kleines Kind.
Und dann kam er mit Freunden und sagte: Du sprichst Por-
tugiesisch, Spanisch, Französisch, Englisch, Schweizerdeutsch,
Deutsch, und so etwas habe ich bisher nicht im Konzern.

Distribution: Vom Holzregal zum IT-Pionier-Projekt

Schnell entstehen Würth-Gesellschaften in ganz Europa, in Südafrika, Kanada und Brasilien. Die Rezeptur funktioniert: Man
nehme einen Explorer, der mit Landeskultur und Sprache vertraut ist, stelle ihm einen inländischen Finanzspezialisten zur
Seite und fahre den Vertrieb hoch.

H.U. *Das ist Teil unserer Wachstumsphilosophie: Jemanden*
aus dem Land nehmen, in einer Garage anfangen und dann den
Vertrieb mit guter finanzieller Unterstützung organisch ent-
wickeln.

In Deutschland expandiert Würth schon seit den siebziger Jahren auch branchenfremd. Eine eigene Service-Firma repariert den
großen Autofuhrpark, das nahegelegene Panoramahotel in Wal-
denburg wird für externe Mitarbeiter und Gäste ausgebaut, die

Würth-Elektronik, bisher eine Abteilung der KG, produziert als eigenständiges Unternehmen Leiterplatten. Die Schließung der 1970 gegründeten Würth-Bau ist zwar ein Rückschlag, man kann den zweistelligen Millionenverlust aber gut wegstecken.

1978 ist Würth keine einfache Schraubenhandlung mehr, sondern auf dem Weg zu einem internationalen Unternehmen. Zu ihm gehören neben dem Stammhaus, der Adolf Würth GmbH & Co. KG in Künzelsau mit zehn Niederlassungen in der Bundesrepublik, neun Großhandelsunternehmen im Inland und siebzehn Auslandsgesellschaften in Europa, Nord- und Südamerika sowie Südafrika.

Das Schraubensortiment wird kontinuierlich erweitert und durch Zukäufe und eigene Produktentwicklung mausert sich Würth zum Anbieter für eine breite Produktpalette im Befestigungs- und Montagebereich. Und der Vertrieb boomt, boomt, boomt. Die Warendistribution wird zunehmend zum Nadelöhr, Reinhold Würth wird ungeduldig: »Ich stecke immer mehr Leute rein – und immer weniger Pakete kommen raus.«

Ein größeres und leistungsfähigeres Vertriebszentrum muss her. Reinhold Würth sind die Möglichkeiten der neuen Systeme von Beginn an sonnenklar. Durch EDV wird eine ausgefeilte Planung und der tagesaktuelle Abruf aller Kennzahlen ermöglicht – schlechthin der Wettbewerbsvorteil im Direktvertrieb. Fertige IT-Programme gibt es auf dem Markt noch nicht. Sie werden von Harald Unkelbach, der zu einer Zeit, als Informatik noch ein unbekanntes Fremdwort war, numerische Mathematik studiert hatte, eigens entwickelt. Paul Jakob übernimmt als Projektleiter die Entwicklung einer EDV-basierten Logistik, mit der absolutes Neuland in der Wirtschaft betreten wird. Er spricht heute, wie viele ehemalige Mitarbeiter, begeistert von seinem Arbeitgeber:

> **P. J.** *Die ganze Firma hat mich erstaunt. Die Offenheit und Transparenz, mit der hier gearbeitet wurde! Jedem Mitarbeiter waren die Umsatzzahlen, die Planzahlen, die Sollzahlen bekannt. Und man hatte großes Vertrauen. Ich konnte sehr frei mitentscheiden, auch bei Vergaben. Wobei er bei der Planung immer dabei war und dann kontrolliert, nachgehakt, Termine verfolgt hat.*

Das Fundament des 1978 fertiggestellten Hochregal-Lagers ist bereits auf Erweiterung ausgelegt (eine optimistische Planung, die aber noch von der Realität überboten wird: 1990 entsteht bereits Vertriebszentrum Nummer zwei).

Als Reinhold Würth 1979 erstmals seine Umsatzvision von zwei Milliarden D-Mark für 1990 bekanntgibt, erscheint dieses Ziel vielen Mitarbeitern noch unrealistisch. Aber er hatte gut kalkuliert. Schon 1989 schiebt er die »Vision 2000« nach, mit einer Umsatzsteigerung auf über 10 Milliarden D-Mark im Jahr 2000.

1985: Happy Days

Die wirtschaftlichen Turbulenzen der achtziger Jahre übersteht das Unternehmen mit Bravour, dank einer guten Eigenkapitalquote und der Explosion der Auslandsgesellschaften.

Im Mai 1985 wird die Firma vierzig und Reinhold Würth fünfzig Jahre alt. Zu Doppeljubiläum und Erfolgseuphorie passt die Symbolik, Elefanten vom Bahnhof Haag über die Dörfer bis nach Gaisbach zu treiben und drei Tage lang mit Zirkus, Rummel, klassischer Musik und Feuerwerk zu feiern. Viele heutige Mitarbeiter haben dieses Spektakel miterlebt, als sie noch Kinder waren:

1982

D. Sch. *Zu den »Happy Days« wurde der Zirkus Krone bestellt und ein großes Zirkus-Festzelt errichtet. Damals war ja noch die Bahnlinie aktiv, die Elefanten und all die anderen großen Tiere sind mit dem Zug bis nach Haag in der Nähe von Künzelsau gekommen und dann mussten die Tiere bis nach Gaisbach laufen. Das war für unsere Region damals das Nonplusultra. Ein echter Elefant in Künzelsau!*

5000 Besucher werden gezählt, darunter Bundestagspräsident Jenninger, der dem Jubilar ein Bundesverdienstkreuz mitbringt. In den folgenden Jahrzehnten wird Reinhold Würth mit Medaillen und Auszeichnungen nur so überhäuft: Ehrendoktor, Ehrensenator, Professor, Ehrenbürger der Stadt Künzelsau, Mitglied der Business Hall of Fame, noch mal Ehrendoktor, Ehrensenator …

Während die Vollendung des fünften Jahrzehnts für viele Menschen eine erste Zäsur darstellt, zieht Reinhold Würth unbeirrt weiter durch.

C. S. W. *Als wir uns kennenlernten, war er fünfzig Jahre alt. Fast unvorstellbar, mit welcher Dynamik Firma und Konzern danach noch weiter gewachsen sind, welche Ideen entwickelt und realisiert wurden.*

1985 fallen viele Entscheidungen, die das Unternehmen im kommenden Jahrzehnt in eine neue Umlaufbahn schießen: Man will weg vom umsatzfixierten Drücker-Image der sechziger und siebziger Jahre, denn der Markt verlangt mehr Kundenorientierung und Mitarbeiterpflege. Themen wie Marketing, Unternehmenskultur, Qualitätssicherung und Mitarbeiterschulung gewinnen an Bedeutung. Die Veränderungen im Unternehmen kommen in der Öffentlichkeit gut an: Reinhold Würth wird gefragtes Mitglied in Beratungsgremien und Aufsichtsräten, das *manager magazin* und die Zeitschrift *Capital* berichten positiv und 1989 erhält das Unternehmen den Deutschen Marketingpreis.

Sport- und Kultursponsoring und Mäzenatentum macht man ja schon seit den Siebzigern. Doch jetzt rücken Kunst und Kultur noch weiter in den Fokus. Die Ausschreibung des Architekturwettbewerbs für eine neue Konzernzentrale in Künzelsau-Gaisbach, die 1991 bezogen werden wird, beinhaltet bereits die Integration eines Kunstmuseums und eines Konzertsaals.

Die dritte Generation: Raketenstufe drei

Wer leistungsorientiert ist und sich in Einklang mit der Firmenphilosophie des Chefs befindet, kann bei Würth eine enorme berufliche und persönliche Entwicklung machen. Reinhold Würth sucht seine Mitarbeiter vor allem danach aus, »dass sie wollen – und nicht nur danach, dass sie können« (Reinhold Würth). Nicht nur die Uni-Absolventen mit einem Rucksack voll Auszeichnungen will er, sondern auch die Engagierten, Bodenständigen mit Charakter und »gesundem Menschenverstand«.

So formiert sich in den achtziger und neunziger Jahren – zum

Teil aus ehemaligen Lehrlingen und Verkäufern – die dritte Managergeneration, die den Konzern in das nächste Jahrtausend führen wird. Martin Schäfer, Volker Retz und Peter Zürn stehen in den Startlöchern von Karrieren, die sie sich nie hätten träumen lassen. Und Würth-Tochter Bettina beginnt 1983 mit einer Lehre ihren Weg, der sie an die Konzernspitze führen wird.

J.M. *Wir haben einige Selfmade-Leute in Toppositionen, also nicht nur hochgradige Universitätsabgänger mit weiß ich was für Ausbildungen, sondern Leute, die ihre Ärmel hochkrempeln und anpacken. Und die sind natürlich dankbar, dass ihnen in einem so großen Konzern eine Karriere ermöglicht wird, auch ohne einen Riesenrucksack mit Diplomen.*

»Das, was ich hier erreicht habe, hätte ich nirgendwo sonst erreicht.«
»Für meine persönliche Entwicklung war diese Firma – und Reinhold Würth selbst an erster Stelle – sehr, sehr wertvoll.«
»Mir hat die Arbeit bei Würth den Blick geöffnet für die Welt.«

Vertriebszweigtrennung und Ost-West-Vereinigung

Wachstum und Freude an der Leistung – das sind die wichtigsten Prinzipien des kennzahlengetriebenen Unternehmens. In Anlehnung an das Zitat von Nicolas G. Hayek heißt der Schlachtruf: »Nicht die Großen fressen die Kleinen, sondern die Schnellen fressen die Langsamen!« Ein 1989, kurz vor Maueröffnung, fertiggestellter Bericht von McKinsey & Company empfiehlt eine grundlegende Veränderung der Top-Down-Organisation, um das Unternehmen geteilt nach Divisionen zu führen und zukünftige Potenziale voll zu heben. Das Konzept überzeugt das Management, zumal die Strategie der Verkäufer-Multiplikation, also immer mehr Verkäufer in einem Gebiet einzusetzen, ausgereizt ist. Um die Empfehlung von McKinsey umzusetzen, müssen die Strukturen des gesamten Unternehmens von der obersten Führungsebene bis hin zum Außendienstmitarbeiter umgekrempelt werden.

Mit der Realisierung dieser weitreichenden Reformen hat man gerade begonnen, als sich überraschend ein neuer Markt, so groß wie die Niederlande, vor der Haustür öffnet. Die Mauer ist auf! Dr. Franz Susset, ehemals Landrat des Hohenlohekreises, wird spontan als Sonderbeauftragter für die Entwicklung Ost eingesetzt. Im Januar stellt er den ersten Kontakt her – am 31. August 1990 wird in Dresden die erste Würth-Niederlassung eingeweiht.

Reinhold Würth schickt seinen erfahrenen Vertriebsleiter Karl Specht in den Osten, um dort den Außendienst aufzubauen:

K. Sp. *Er hat gesagt: »Karl, Du gehst da rüber, aber stell mir keinen von der Stasi ein.« Doch ich kam nicht drum herum, sie für die Gesamtorganisation zumindest zu nutzen. Man brauchte Leute, die gewusst haben, wie es im Osten zugeht. Ohne die hat man kein Hotel und keine Konferenzräume gefunden. Das waren die Leute, die vernetzt waren.*

Die Handwerker in den neuen Bundesländern können alles gebrauchen, was das Sortiment von Würth und seiner Gesellschaft RECA Norm, die Befestigungsmaterial für das klassische Handwerk führt, zu bieten hat. Die Umsätze der Verkäufer liegen schnell über

denen ihrer West-Kollegen. Und genau wie ihre Kollegen in den
früheren Zeiten reagieren sie unmutig auf Verkleinerungen ihrer
Verkaufsgebiete. 1995 wird in Jena die neunundvierzigste ost-
deutsche Niederlassung eröffnet. Gleichzeitig öffnen sich auch die
osteuropäischen Märkte und es werden dort neue Vertriebsgesell-
schaften gegründet.

> H. U. *Da sind wir mit mehreren Gesellschaften gleichzeitig*
> *gestartet, mit allem, was wir hatten, von der Würth-Linie bis*
> *zur RECA-Linie. Das war eine Aufbruchsstimmung!*

So gleicht der Schub im Osten die Umsatzprobleme aus, die der
Weltwirtschaftskrise Anfang der neunziger Jahre geschuldet
sind. Doch man versäumt nicht, die Chancen, die sich durch die
Weltwirtschaftskrise auch im Westen bieten, zu nutzen. Es werden viele Firmen dazugekauft, um die hochgesteckten Umsatzziele dennoch zu erreichen.

Einmal Ruhestand und zurück

Ausgerechnet in diese aufregende Zeit fällt die Entscheidung von
Reinhold Würth, sich zur Ruhe zu setzen. Er habe bei anderen Un-
ternehmern beobachtet, wie mit dem Alter der Starrsinn einsetze
und wie sie das, was sie in vielen Jahre aufgebaut hätten, mit dem
Hintern wieder umwerfen würden, sagt Reinhold Würth. Diese
Rolle wolle er vermeiden. Außerdem solle seine Tochter Bettina
die Möglichkeit haben, sich ohne seine Omnipräsenz zu entfalten.

Seine Entscheidung wirkt durchaus wohlüberlegt. Er verabschiedet sich am 1. Januar 1994 aus der operativen Geschäftslei-

1993

tung der Würth-Gruppe, setzt Rolf Bauer und Dr. Walter Jaeger als seine Nachfolger ein und übernimmt den Vorsitz des Firmenbeirats.

Zum Abschied führt er ein eindrucksvolles Ritual am Ursprungsort des Unternehmens, der Künzelsauer Schlossmühle, durch. Viele Mitarbeiter sehen zu, wie der Chef ein Leiterwägelchen mit Schraubenpaketen belädt und durch die Gassen Künzelsaus bis hin zum Bahnhof zieht. Genauso wie er es in jungen Jahren schon getan hat. Ein Meisterwerk symbolischer Kommunikation.

Tatsächlich ist diese Begebenheit heute fest in den Köpfen aller Mitarbeiter verankert. Selbst die Jüngsten haben die Szene lebendig vor Augen, wie ihr jugendlicher Chef den Wagen rumpelnd über das Pflaster zieht. Es soll den Zuschauern eine Lehrstunde für Demut und Bescheidenheit sein: Das ist der Ursprung, da kommen wir her. Und genauer noch: So klein hat er angefangen und so groß ist er geworden. Und: Wer so viel leistet, kann so viel erreichen.

Als Beiratsvorsitzender hat Reinhold Würth nach seinem »Abschied« zwar immer noch einen sehr vollen Terminkalender. Darüber hinaus nutzt er seinen »Ruhestand« aber auch als Auftakt für viele neue öffentliche Aktivitäten. Er ist ein gefragter Redner (bis heute hat er außerhalb des Unternehmens über tausend Vorträge gehalten), engagiert sich für die weitere Implementierung der Kunst im Unternehmen und für die Pflege der Kultur, vor allem in der Region Hohenlohe. Doch auch das operative Geschäft lässt ihm keine Ruhe:

> Wenn ich sehe, dass ich irgendwo helfen oder auch mal irgendwo den Dampf reinlassen kann, dann zwickt's mich halt und dann mach ich das.

Den suboptimalen Geschäftsverlauf des Vorjahres nimmt er 1997 zum Anlass für die schriftliche Ankündigung an Mitarbeiter und Führungskräfte, sich nun doch »wieder etwas mehr« um das operative Geschäft zu kümmern. Selber schuld, ruft er seinen Mitarbeitern zu:

> Je größer die Erfolge, desto höher die Freiheitsgrade. (...) Sie alleine haben es in der Hand, den Beiratsvorsitzenden aus Ihrem Tagesgeschäft fernzuhalten!

Tatsächlich hat Reinhold Würth seine Macht und Entscheidungskompetenz über das Unternehmen nie aus der Hand gegeben. Im Gegenteil, durch den Vorsitz im Beirat der Würth-Gruppe hat er jede Gewaltenteilung verhindert. Überraschend wird er seiner Tochter Bettina im Jahr 2006 diese Position anbieten und selbst weiterhin den Vorsitz im Aufsichtsrat der Familienstiftungen beibehalten.

In den kommenden Jahren entsteht beim Würth-Management immer mal wieder der Eindruck, dass sich der Gründer aus dem operativen Geschäft zurückzieht. Zum Beispiel, als er 1999 die Gründungsprofessur und Leitung des Interfakultativen Instituts für Entrepreneurship in Karlsruhe annimmt.

Eine Zeitlang fasziniert ihn der Lehrstuhl, die Beschäftigung mit Theorie und Lehre bereichert sein Denken. Doch mit achtundsechzig Jahren gibt er die Professur wieder ab.

> H. U. *Er ist ungeheuer lernbegierig und wenn ihn etwas interessiert, dann fokussiert er sich sehr stark. Alles andere wird ausgeblendet. So entsteht nach außen der Eindruck, er interessiere sich nicht mehr für die Firma. Doch das wechselt dann wieder. Sobald sein Interesse nachlässt, richtet sich sein Fokus wieder auf das Unternehmen.*

Der Konzern ist in den neunziger Jahren im Spannungsfeld von Wirtschaftskrise und Mauerfall extrem gewachsen. Nicht nur durch die Ostexpansion, sondern auch durch viele nationale und internationale Zukäufe hat sich die Mitarbeiterzahl fast vervierfacht. Die Aussichten sind gut, das gesetzte Umsatzziel – zehn Milliarden D-Mark – bis zur Jahrtausendwende zu erreichen.

Neue Firmen und Allied Companies entstehen in Mexiko, Thailand, Polen, Kanada, Südkorea, Hongkong, China, Indonesien, Indien, Israel, Kenia, auf den Philippinen. In den USA wird die Marktpräsenz verstärkt und Ende der neunziger Jahre expandiert das Unternehmen in den Nahen Osten. Würth Iran, Würth Dubai und Würth Jordanien entstehen.

Dass die Würth-Gruppe so gut durch die Weltwirtschaftskrisen kommt, ist ihrer hohen Eigenkapitalquote und ihrem In-house-Banking zu verdanken. Durch die Würth Finance International B.V. (1978 von Reinhold Würth gemeinsam mit José C. Viana gegründet) sichert sie sich ihre Liquidität. Mit einem 1995 durchgeführten Rating von Standard & Poor's (Prädikat A-Minus) hat sie sich aber auch auf dem Kapitalmarkt bestens etabliert und platziert öffentliche Anleihen. Reinhold Würth ist sehr stolz auf diesen Coup (»Da kam keiner meiner Buchhalter drauf«), denn das Vertrauen der Investoren in die Würth-Gruppe aufgrund des positiven Ratings hat geldwerte Bedeutung.

R. W. *Da staunen selbst die Schweizer, denn das ist etwas Unge-
wöhnliches für ein Familienunternehmen. Jeden Tag sehen sie im
Handelsblatt, wie der Kurs und wie das Rating von Würth ist.
Auch die Investoren schauen auf diese Ratings, und wenn wir
eine Anleihe begeben, zahlen wir deutlich weniger Zinsen. Denn
die Leute wissen, bei einem Rating A erhalten sie ihr Geld
garantiert wieder zurück.*

→ John F. Kennedy.

→ John Wayne.

→ Nelson Mandela, an ihm misst er sich stark.

→ Er ist kein Held. Reinhold Würth ist sehr
   klar strukturiert.

→ Zeppelin. Und zwar der hier von Friedrichshafen.

→ Eine Kombination aus Lawrence von Arabien
   und Peter Pan.

→ Mischung aus Hagen von Tronje und Siegfried.

→ Superman. Der kann erstaunliche Dinge und mich hat
   Reinhold Würth oft erstaunt.

→ Wenn morgen bei der Bundeswehr irgendwer
   den Trupp führen müsste, wäre er das.
   Er will der Held sein.

Wie führt
Reinhold Würth?

Karikatur von Karl Hirnsberger, *Haller Tagblatt*, 28. Dezember 2012

Wie führt
Reinhold Würth?

Im Gegensatz zu einer Aktiengesellschaft, der ein Gremium angestellter Manager vorsteht, wird ein Familienunternehmen nach
innen und außen meist von einer Identifikationsfigur ausgerichtet. Das ermöglicht spontane Entscheidungen und kurze Wege,
Chancen können schnell genutzt werden, man ist keinen Aktio-
nären verpflichtet.

Der väterliche Herausforderer

Wie führt Reinhold Würth? Autokratisch oder kooperativ? Der Chef
pflegt den vertrauensvollen, persönlichen Kontakt zu seinem Management. Er nimmt regelmäßig an den Sitzungen der Geschäftsleitung und der Konzernführung teil.

> H. U. *Eigene Ideen bringt er ein, indem er um sie wirbt. Er befiehlt
> nicht, sondern sagt: So und so könnte ich mir das vorstellen. Und
> dann erwartet er eine lebhafte Diskussion und kritische Beiträge
> seiner Führungsmitglieder.*

Zu Beginn des Jahres 2014 setzt er sich mit mehreren Gruppen von
Mitarbeitern zusammen und diskutiert mit ihnen die Umsatzentwicklung. Woran liegt es, dass wir im letzten Jahr nicht so gewachsen sind wie die Jahre vorher? Was meint ihr? So sammelt er
Meinungsbilder und Ideen ein und unter den Mitarbeitern spricht
sich herum: Der Chef hört uns zu, er ist ganz nah am Puls des
Unternehmens.

Er will im Guten für alle handeln und denkt gründlich nach. Wenn er dann ein klares Bild gewonnen hat, dann entscheidet er auch mal ganz allein. Reinhold Würth selbst versteht sich durchaus als positiven Autokraten und wird in dieser Rolle auch akzeptiert. Ohne seine ausgeprägte Führungsstärke hätte Reinhold Würth die Würth-Gruppe niemals in die heutige Dimension entwickeln können. Dazu gehört auch das Talent, die richtigen Leute in die richtige Position zu bringen.

C. S. W. *Wenn man fünf- oder zehnmal die Richtigen am richtigen Ort hat, dann gelingen natürlich, wenn man die machen lässt, fünf- oder zehnmal so viele Dinge. Und wenn mal was schiefgeht, dann sind dennoch genügend gelungene Dinge dabei.*

Schon seit drei Generationen schafft es Reinhold Würth, loyale Mitstreiter um sich zu versammeln. Die Führungsriege zeichnet sich durch sehr hohe Kontinuität aus. Wer aus Altersgründen ausscheidet, bleibt dem Unternehmen verbunden. Die sehr seltenen Trennungen seien immer in gutem Einvernehmen erfolgt, hört man von allen Seiten.

Reinhold Würth fordert höchste Leistungsbereitschaft bei seinen Mitarbeitern, aber er fördert auch ihre Entwicklung – beruflich und persönlich.

N. H. *Wenn es um das Geschäft geht, ist er herausfordernd, kritisch, lobend und auf das Ziel fokussiert. Aber dann gibt es noch eine andere Ebene, dieses Vertrauensvolle, Väterliche, ja, Verständnisvolle. Unternehmerisch ist er der Chef und auf*

der persönlichen Ebene eine wichtige Vertrauensperson,
die nicht nur das Unternehmen, sondern auch unser Team
der Geschäftsleitung formt und weiterentwickelt.

Väterlich führen, das ist für Reinhold Würth keine Frage des Alters. Als er Peter Zürn mit Anfang dreißig zum Geschäftsführer ernannte, gab er ihm mit auf den Weg, die ihm unterstellten, deutlich älteren Regionalverkaufsleiter auf diese Weise zu führen.

P. Z. *Das hat mich extrem geprägt, weil ich mir sehr, sehr oft überlegt habe, was das eigentlich bedeutet. Ich glaube, zum einen meint er damit Eigenschaften, die ein Vater gegenüber seinen Kindern haben sollte: verzeihend, aber auch korrigierend. Das dann aber unabhängig davon, ob mir das qua Alter zusteht oder nicht. Und ich habe es auch so verstanden: Lass dich nicht an der Nase herumführen, aber werde auch nicht überheblich.*

Reinhold Würth selbst hat schon sehr früh die Führungsrolle ausgefüllt. Wie wirkungsvoll er schon damals seine Mitarbeiter motivieren und lenken konnte, zeigt folgende Geschichte, die Rolf Bauer vor über fünfzig Jahren erlebt hat.

R. B. *Reinhold Würth kannte mich schon als Jugendlichen, denn ich war, und bin immer noch, mit seinem Bruder befreundet. Eine Woche bevor ich im Unternehmen anfing, saß ich bei ihm abends am Abendbrottisch. Und er sagte zu mir: »Na, mal sehen, was aus Dir mal wird!« Ich war neunzehn und er achtundzwanzig. Ich war damals so ein Hallodri, wie Jugendliche eben*

sind. Aber damit hat er mich sehr herausge-
fordert. Allein dieser Satz hat auf mich sehr
motivierend gewirkt. Von da an wollte ich ihm
zeigen, dass ich was kann. Und ich war dann
ja auch mit vierundzwanzig schon Prokurist.

1997

Für Rolf Bauer war dies der entscheidende Kick
für seine Karriere. Noch heute gehört er zu den
engsten Freunden und Beratern des Chefs.

Erfolg durch Wettbewerb
Je größer die Erfolge, desto höher
die Freiheitsgrade. Reinhold Würth

Mehr Spontaneität – das gilt nicht nur für den Chef, sondern auch
für die Mitarbeiter. Während man in einer Aktiengesellschaft viele hierarchische Stufen nehmen muss, wenn man etwas bewegen
will, reicht es hier oftmals, *einen* zu überzeugen, um das »Go« zu
bekommen.

J. M. *Was mich sehr bei ihm fasziniert, ist, dass er Freiheiten gibt.*
Wenn ich was bewegen wollte, dann habe ich mit Herrn Würth
gesprochen. Und dann hat er gesagt: Machen Sie mal.

Die Freiheit muss man sich jedoch erarbeiten. Wichtigster Baustein
für den erfolgreichen Aufbau seines umsatzorientierten Direkt-
vertriebsunternehmens war sicher die starke Wettbewerbsorien-
tierung von Reinhold Würth. Ranglisten und Kennzahlen bestim-

men nicht nur die Vergütung des Außendienstes, sondern auch des Topmanagements.

> **J. M.** *Die Würth-Gruppe wird ergebnisorientiert geführt. Rund die Hälfte des Gehalts ist variabel und hängt davon ab, welche Ergebnisse sie bringen. Das gilt für den Außendienst und für die Geschäftsführer. Wer Leistung bringt, wird auch gut bezahlt.*

Die über die Bezahlung hinausgehenden Leistungsanreize für die verschiedenen Mitarbeiterebenen sind fein ausgeklügelt. Sie reichen von Freiheit und Selbstentfaltung bis zu hin zu Systemen, die über das soziale Ansehen funktionieren. In der Zeitschrift *Mitarbeiter des Monats* wurden die verdienstvollen Mitarbeiter des Innendienstes vorgestellt, umsatzstarke Verkäufer fahren große Autos, auf Konferenzen werden die erfolgreichsten Gesellschaften auf die Bühne gebeten und geehrt.

Visionen und Metaphern
Visionen setzen bei Mitarbeiterinnen und Mitarbeitern ungeahnte Kräfte frei. Reinhold Würth

Es ist ein Grundprinzip von Reinhold Würth, Maßstäbe zu setzen. So treibt er sich selbst an, so hat er von Anbeginn an seine Firma Schritt für Schritt vorangetrieben.

Ein entscheidender Erfolgsfaktor war, dass er ehrgeizige Umsatzziele symbolisch bei seinen Mitarbeitern verankerte. Und auch wenn mancher an der Realisierbarkeit zweifelte: Sie richteten sich daran aus – und erreichten die Ziele. In vielen Gesprächen und

Vorträgen nutzt Reinhold Würth mit entspannter Beiläufigkeit, aber sehr gezielt, die Kraft von Metaphern und Gesten, um seine Botschaften in das Bewusstsein seines Publikums einzupflanzen.

> C.S.W. *Wir alle kennen diese Geste, wenn er sagt, man muss ganz tief an die Basis gehen, die Wurzeln packen, um neue Sichtweisen zu erhalten. Dann geht er beim Vortrag in die Knie und berührt den Boden. Er könnte das einfach nur schildern, aber nein, er macht wirklich auch die Bewegung dazu. Das ist sehr plastisch und bleibt hängen.*

Reinhold Würth hat sich mit der Normalität nie zufriedengegeben, von Anbeginn an setzt er extrem hohe Maßstäbe und versteht es, sie bei seinen Mitarbeitern zu verankern.

> M.Sch. *Manchmal haben wir gedacht: »Geht's eigentlich noch?«* (lacht) *Aber es hat dann halt doch immer wieder funktioniert. Beispielsweise die Vision »Eine Milliarde D-Mark Umsatz« von 1985, die Vision »10 Milliarden D-Mark« von 2000. Heute machen wir im gesamten Konzern 10 Milliarden Euro!*

Sein Expansionstrieb ist ungebrochen. Das Erreichte ist nie genug. Hat das Unternehmen in Deutschland einen Marktanteil von fünf Prozent, dann richtet er den Blick der Mitarbeiter bereits darauf aus, was man in fünf Jahren erreichen kann.

R. B. *Er setzt hohe Ziele, man meint manchmal, man müsste das Wasser den Berg hochfließen lassen. Aber er sagt: »Gar kein Problem.«*

Reinhold Würth ist vom Naturell her Expansionist. Sein Thema ist Wachsen, Wachsen, Wachsen. Als Enkel eines Gärtners weiß er aber auch, wie wichtig Geduld ist. Häufig taucht in seinen Reden die Metapher »Geduld bringt Rosen« auf.

J. M. *Er hat gesagt, wenn er einen Rosenstock hat, müsse er ihn pflegen und mit ihm gut reden. Er könnte dem nicht befehlen, dass er in zwei Wochen tolle Rosen trägt. Und so würde er halt mit seinen Firmen umgehen. Er hegt und pflegt sie, um irgendwann einmal schöne Rosen zu bekommen.*
Wir haben 400 Gesellschaften. Wenn diese 400 Gesellschaften alle ihre Pläne erfüllen würden, würde das Ding explodieren. Und das zeichnet Herrn Würth ebenfalls aus, dass er Geduld hat.

Seit der Finanzkrise ist die Geduld allerdings deutlich geschrumpft. 2009 bricht der Markt um fünfzehn Prozent ein, Mitarbeiter werden abgebaut. Es kommt auch schon mal vor, dass ein Geschäftsführer ausgetauscht und eine Gesellschaft geschlossen wird. Das verunsichert.

Dennoch gibt Reinhold Würth 2010 optimistisch die Umsatzvision von 20 Milliarden Euro für das Jahr 2020 aus. Inzwischen rudert er etwas zurück:

Bisher haben wir alle Umsatzziele erreicht. Doch was wir jetzt geplant hatten, das musste ich aufgeben. Das lässt sich nicht realisieren. Und das ist auch verständlich. Ich meine, man sagt ja, die Bäume wachsen nicht in den Himmel. Und es kann auch nicht sein, weil, wenn Sie mathematisch immer zehn Prozent jedes Jahr draufrechnen, gehört Ihnen in überschaubarer Zeit ja die ganze Welt ...

Dass ihn diese Vorstellung abschreckt, nimmt man ihm nicht wirklich ab, denn im nächsten Satz gewinnt das Lebensmotto von Reinhold Würth schon wieder die Oberhand:

... aber wir wollen natürlich weiter wachsen!

Vertrauen und Kontrolle

Durch Ehrlichkeit entsteht Vertrauen und auf der Basis von Vertrauen kann man die Welt einreißen. Reinhold Würth

Sehr oft hat er eine gute Sensibilität dafür bewiesen, den richtigen Leuten Verantwortung zu übertragen, sie machen zu lassen, ihnen etwas zuzutrauen. So schaffte er es auch, die guten Mitarbeiter im Unternehmen zu halten.

H. U. *Wenn man in einem Unternehmen arbeitet, stellt man*
sich irgendwann die Frage: Mache ich selbst eine Firma auf –
oder kann ich hier so viel bewirken, dass es mich hält.
Hätte er mir Vorschriften gemacht, wäre ich nach fünf Jahren
weg gewesen.

Es gehört zur Würth-Kultur, dass man Fehler machen darf, man
darf sie nur nicht wiederholen.

R. B. *Er hat großes Vertrauen in mich gelegt, was für mich auch*
eine große Verpflichtung ist. Und ich habe schon viele Böcke
geschossen. Nicht willentlich natürlich, es ist halt so geworden.
Ich habe aber nie eine Rüge bekommen, also, dass er mir das
angekreidet hätte. Und das fand ich toll! Das ist ja praktisch ein
Ansporn, es besser zu machen, wieder auszubügeln, wenn
man was vermasselt hat.

Für sich selbst macht Reinhold Würth folgende Rechnung auf:
Waren vierzig Prozent der Entscheidungen schlecht und sechzig
gut, dann ist es eine positive Bilanz. Das Vertrauen wächst. Doch
wenn er das Gefühl hat, es läuft nicht gut, dann beginnt die Kontrolle.

J. M. *Wenn er merkt, es funktioniert nicht, dann wird er*
sehr vorsichtig. Dann lässt er den Leuten keine Ruhe mehr. Das
Ergebnis ist dann meistens, dass es den Leuten stinkt und
sie weggehen.

J.C.V. *Wenn er jemandem vertraut und es läuft gut, dann vertraut er sein Leben lang. Aber wenn er merkt, einer erzählt irgendetwas und dann sieht er das Gegenteil, dann ist es vorbei.*

Zuverlässigkeit und Berechenbarkeit, das erfahren die Mitarbeiter umgekehrt auch von ihrem Chef.

K.Sp. *Was ich immer sehr an ihm geschätzt habe: Er war fair und geradlinig. Man konnte sich auf ihn hundertprozentig verlassen. Wenn er was gesagt hat, dann war das auch so.*

Geliebt und gefürchtet:
Die Brieffreundschaften mit Reinhold Würth

Reinhold Würth schreibt zwischen fünftausend und sechstausend Briefe und Notizen pro Jahr. Man könnte seinen Führungsstil durchaus »Management by letters« nennen. Denn über diese Briefe führt er seine vierhundert Gesellschaften und steht mit vielen Mitarbeitern in direktem Austausch. Genauer gesagt: Er kontrolliert mithilfe der Briefe die Unzahl von Themen, die er mit Briefen angestoßen hat. Der Unternehmensgründer inspiriert, motiviert, kritisiert – nicht selten unter Einsatz von Metaphern, Analogien, Aphorismen und einem guten Schuss beißender Satire. Bei allem Drängen nach vorn übersieht er jedoch auch nie die Erfolge seiner Mitarbeiter: Er krönt sie mit herzlichen Dankesbriefen.

Antwort erbeten bis

Fast alle Schreiben an sein Management enden mit: »Antwort er-beten bis ...« Das ist der meistgeschriebene Satz des Würth-Impe-riums. Seine Fortsetzung kann lauten: »innerhalb von 14 Tagen« oder auch »innerhalb von 4 Stunden«!

Reinhold Würth bevorzugt den Schriftverkehr, weil er seine vielen Kontakte gar nicht anders pflegen, die zahllosen Vorgänge nicht anders vorantreiben und steuern könnte. Schon gar nicht von der *Vibrant Curiosity* aus. Das ist seine Jacht, mit der er in der Zeit zwischen Februar und April weit entfernte Weltmeere und Kontinente bereist. Bei jedem Crewwechsel werden die Postkoffer ausgetauscht. Der Rest wird per E-Mail erledigt. Selbst vom Schiff kommen jeden Tag seine schriftlichen Anfragen und Weisungen. Und zwar in der gleichen Intensität, als wäre er vor Ort in der Fir-menzentrale in Künzelsau.

Seine Manager, die ja selbst oftmals viele Gesellschaften unter sich haben, finden seine Aktivität faszinierend. Mit fast achtzig Jahren ist er unverändert die oberste Instanz. Er hat die Übersicht. Über den Konzern – über das Geschäft, über die rechtlichen Struk-turen, über die steuerlichen Fragen. Wie er das schafft, kann sich keiner erklären.

Hart & herzlich: Das hält die Spannung hoch

Sogar wegen Kleinigkeiten schreibt er nicht selten seitenlange Briefe. Wenn gar Erwartungen nicht erfüllt oder die Firmenkul-tur nicht eingehalten wurde, dann wird auch bei Spitzenleuten des Unternehmens durchaus mal hart zugegriffen.

> Ja, wissen Sie, wenn ich halt sechs Stunden diktiere und tonnenweise Briefe habe, von denen vier, fünf, sechs Vorfälle negativ sind, dann verliere ich meine Geduld und schreibe dann auch manchmal unnötigerweise hart zurück.

Er sei keineswegs bösartig, doch beim Diktieren der Briefe, so vermuten die Mitarbeiter, blendet er scheinbar den Empfänger aus.

Prof. Dr. h. c. mult. Reinhold Würth
Vorsitzender des Stiftungsaufsichtsrats
der Würth-Gruppe

Sehr hoffe ich, dass Ihre Arbeit nicht nach der Art der Dinosaurier abläuft, indem man im Hirn zwar ganz genau weiß, was, wie, wann, wo, mit welcher Konsequenz zu tun ist, dass aber durch die unendlich langen Wege bis zu den Hinterfüßen und dem dinosauralen Schwanzbereich Wochen, Monate oder Jahre vergehen, bis dort ein Handlungsimpuls ankommt.

Reinhold Würth hat sein Diktiergerät immer griffbereit, egal, wo er ist. Er diktiert druckreif – und ab geht die Post. Diese Spontaneität geht nicht selten auf Kosten der verbindlichen Zwischentöne.

Auf Menschen, die nicht hart im Nehmen sind, können solche Äußerungen sehr verletzend wirken. Selbst diejenigen, die ihren Chef schon lange kennen und in intensivem Kontakt zu ihm stehen, zerbrechen sich den Kopf darüber, wie sie mit seiner harschen

Kritik umgehen sollen. Für diejenigen, die ihren Fehler nicht selbst bemerkt haben, heißt es jetzt: *mea culpa, lesson learned*. Oder einfach: besser machen. Der kreativen Leistung eines Mitarbeiters aus der PR-Abteilung des Hauses Würth konnte der Chef nicht viel abgewinnen:

```
Diesem Spot kann man mit Sicherheit die patiniert-vergoldete
Megazitrone der Würth Werbung zuordnen: Wer so einen Spot
produziert, der muss mit Sicherheit zwei künstliche Gebisse
haben und ein Sprungbrett um in den Sarg hüpfen zu können.
Monoton wie ein gregorianischer Gesang in der katholischen
Kirche von Ushuaia in Süd-Argentinien betet der Mensch
lustlos, emotionslos, gedankenlos seine Kenntnis herunter...
```

Falls der Chef mit seiner Kritik nicht richtigliegt, empfiehlt es sich, ihm offen und ehrlich zu schreiben. Man fasse sich jedoch unbedingt kurz. Auf einen angemessenen Brief hin ist es möglich, dass Reinhold Würth ein Gespräch anbietet. Meist ist das Problem dann schnell geklärt und alles wieder im grünen Bereich.

> V. R. *Bei einer Gelegenheit, es ging um das Thema Führung, fühlte ich mich von Reinhold Würth sehr infrage gestellt und war wirklich irritiert. Das wollte ich nicht auf mir sitzen lassen. Für mich war es dann sehr wichtig, mit ihm darüber zu reden. Und im Gespräch hat sich dann für mich wieder hundertprozentiges Vertrauen hergestellt.*

Es kann sich aus einer Antwort aber auch ein längerer Schriftverkehr entwickeln (auf Beispiele wird hier aus Platzgründen verzichtet). Wenn man spürt, dass Reinhold Würth in einer Sache partout recht behalten will, sollte man nachgeben. Oder einen humoristischen Weg einschlagen.

Der CEO der Würth Finance, ein Schweizer, schickte an Würth voller Freude den positiven Bericht von Standard & Poor's, der die Formulierung enthielt: »Da dazu musste er das und das machen ...« Der Absender freute sich auf ein Lob, doch Reinhold Würth antwortete nur trocken, er hoffe, dass der Analyst nicht ins Stottern gekommen sei. Denn im Hochdeutschen schreibt man natürlich nur »dazu«.

> J. M. *Ich hab mich furchtbar geärgert. Und obwohl ich damals relativ neu war, hab ich dann zurückgeschrieben: »Also Herr Würth, ich bin mir hier keines Fehlers bewusst, weil es im Schweizerdeutsch halt ›doa doazu‹ heißt.« Und er hat dann wieder geantwortet, also es sei doch schön, dass man manchmal noch schmunzeln könne, und er würde akzeptieren, dass ich hier keinen Fehler gemacht hab. Und diese direkte Offenheit hat sich dann in unserer Zusammenarbeit immer durchgezogen ...*

Durch seine starke persönliche Präsenz scheint es Reinhold Würth zu gelingen, ein hohes Grundvertrauen und eine außergewöhnliche Bindung bei seinen Mitarbeitern aufzubauen. Das macht die Besonderheit seiner Führungsdynamik aus. Er signalisiert: Ich bin für jeden telefonisch erreichbar, man kann sich mir gegenüber offen und direkt äußern. Positionieren muss man sich aber selbst.

Reinhold Würth fühlt sich in seinem Unternehmen immer wieder gefordert, die Bretter vor den Köpfen wegzureißen. Seine Sichtweise: groß denken, weit nach vorne sehen, nicht so klein unterwegs sein. Dieses Visionäre hat das Unternehmen von Anfang an geprägt.

N. H. *Ich hab ihm 2010 geschrieben, wir wollen für unsere Direktmontage-Produkte sieben Spezialisten aufbauen. Dieser Bereich war schon über Jahre vor sich hingedümpelt, sodass wir sogar überlegt haben, ihn ganz zu schließen. Aber ich habe gesagt: Nein, wir schließen jetzt nicht, wir wollen dort neue Bewegung reinbringen und mit sieben Spezialisten an den Markt gehen. Mal gucken, was die bewegen. Und dann erklärt er mal so: »Sieben Leutlein auf 80 Mio. Bürger – das kann man nicht einmal in Promille ausdrücken« – seiner Ansicht nach seien schon im Anfangsstadium mindestens hundert Verkäufer angemessen.*

Wissen Sie, sehr geehrte Herren, wenn Sie einen Sack voll Streusalz haben und eine mit freezing-rain-Glatteis überzogene Autobahn von Hamburg bis Basel, was machen Sie dann mit einem Salzsack? Sie kriegen nicht einmal die Autobahn vom Elbtunnel bis nach Hamburg eisfrei! So ähnlich verhält es sich mit 7 Leutchen im Direktmontage-Bereich für ganz Deutschland. So wünsche ich Ihnen von Herzen viel Erfolg und höre gern Ihre Meinung.

Mit freundlichen Grüßen

Ihr
Reinhold Würth   Antwort erbeten bis: 21.05.2010

Mit Humor und einprägsamen Bildern kommuniziert Reinhold Würth seine Kulturregeln. Hier zum Beispiel, sich eben nicht mit kleinen Schritten zu beschäftigen, sondern den großen Wurf zu planen: Was will ich erreichen und was ist zu tun, um dorthin zu kommen? Wenn man eine Vision hat, so sein Credo, muss man sich zu hundert Prozent und mit Vollgas auf sie zubewegen.

Er kann aber auch richtig bissig werden. Dies ist das absolute Highlight in der vierzig Jahre umfassenden Briefsammlung von Volker Retz:

Der Brief entstand bei der Einführung unserer täglichen Bildschirm-Meldungen an die Mitarbeiter. Die Meldungen sollten bewirken, dass jeder schon beim Start in den Tag eine Orientierung bekommt, was in der Nacht fakturiert wurde, wie viele Aufträge eingegangen sind, wie hoch der Servicegrad ist usw. In den ersten Tagen gab es kleinere Probleme und an einem Tag passierte ein größerer Fehler. Da tauchten Zahlen auf, die überhaupt nicht mehr zusammenpassten. Daraufhin schrieb der Chef:

Sehr geehrter, lieber Herr Retz, ich verlange, dass Sie diesen Schwachsinn innerhalb von Sekunden eliminieren; es ist eine Unverschämtheit (…) Bitte sorgen Sie dafür, dass nie mehr solch eine geradezu saudackelhafte Meldung durch die Lande geschickt wird. (…) Mit diesen Zahlen können Sie das würthnet zumachen, einstampfen, in die Luft sprengen, in den hintersten Pazifik hinunterstürzen oder das Ganze auf den Mond schießen.

Mit freundlichen Grüßen

Ihr
Reinhold Würth   Antwort erbeten: 4 Stunden später

Für die richtige Einordnung so manchen Briefes ist folgende Information von Prof. Unkelbach sehr hilfreich:

> H. U. *Manchmal spielt RW den bösen Wolf, der die Geißlein erschreckt. Er liest einen Vorgang und dann sagt er: Ah ja, jetzt weiß ich, jetzt schreibe ich mal das. Und ich kann mir jetzt schon genau das Gesicht vorstellen, das er dabei macht. Und dann lacht er sich schon kaputt.* (lacht) *Es wird vom Empfänger manchmal als böse aufgefasst, aber wenn man ihn kennt ...*

Toll! Er hat uns gelobt!

Unter all den Briefen, mit denen er das Unternehmen treibt und Impulse gibt, gibt es auch welche, die sehr lobend sind. Und das tut gut. Man hört dann von den Geschäftsführern: »Ich habe noch nie so wahnsinnig positive Briefe bekommen wie von Reinhold Würth.« – »Toll! Er hat uns gelobt!« Solche Schreiben werden dann ebenfalls an die Mitarbeiter weitergeleitet und ausgehängt. Auch das motiviert sehr.

Dieser starke Ausschlag zwischen Forderung nach höchster Leistung und äußerster Qualität auf der einen Seite und großer Dankbarkeit für vollen Einsatz und gute Ergebnisse auf der anderen Seite hält die Spannung hoch.

Autorität und Loyalität

Mit fast achtzig Jahren steht die Autorität von Reinhold Würth als Chef des Konzerns für seine Führungskräfte außer Frage.

P. J. *Es wird sich keiner trauen, eine wichtige Entscheidung zu treffen ohne das Ja von Reinhold Würth. Das ist gleich geblieben. Er hat die Autorität. Weltweit. Es gibt keine Separatisten. Er hält den Laden zusammen. Dass die Verantwortung geteilt werden muss, ist klar in einem so großen Unternehmen. Aber die Kontrolle seinerseits ist da, die ist immer da. Er hat den Überblick über den Konzern. So sehe ich es als Außenstehender. Da macht mir keiner etwas vor.*

Gleichzeitig wissen seine nahestehenden Mitarbeiter auch, dass sie in jeder Lebenslage auf ihn zählen können.

J. C. V. *Es gab Momente, wo ich gemerkt habe, auf diesen Mann kann ich mich wirklich verlassen: 1974, mitten in der Revolution in Portugal, kommen wir mit seinem Privatflugzeug am Flughafen Lissabon an und werden mit Maschinengewehr empfangen. Eine sehr negative Atmosphäre. Wir wollten eine Investition machen und brauchten eine Bestätigung vom deutschen Botschafter in Lissabon, dass wir eine deutsche Firma sind. In so einer Periode – ambivalent! Wahrscheinlich war der Botschafter aufgeregt wegen der politischen Lage. Reinhold Würth und ich saßen im Warteraum. Ich war angemeldet als J. C. Viana. Dann kam der Botschafter und fragte mich: »Wer sind Sie überhaupt?« Ich sagte: »Viana.« – »Ja, aber was wollen Sie eigentlich hier?«*
Da stand Reinhold Würth auf und ging auf ihn los: »Wissen Sie, Sie irren sich komplett. Wer sind Sie? Sie sind ein Beamter! Und ich bin ein deutscher Bürger und ich bin der Herr Soundso

1972

und mache hier eine Investition. Wie reden Sie mit meinem Geschäftsführer? Wir gehen jetzt in Ihr Büro und werden reden, das machen Sie nie mehr im Leben!« Und er ist mit ihm da reingegangen. Ich bin draußen geblieben, bis ich gerufen wurde. Und dann hat der Botschafter gesagt: »Entschuldigung.« Reinhold Würth war wahnsinnig wild und er war ein junger Mann! Das war der Moment, wo ich gedacht habe, wir können zusammen kämpfen, das ist ein Mann!

In kritischen Situationen nutzt er seine Autorität, um sich für seine Mitarbeiter einzusetzen, das erzeugt bei ihnen Sicherheit und Vertrauen. Sie sehen: Reinhold Würth kann zwar sehr hart sein, dann aber auch wieder butterweich.

H. U. *Er ist ungeheuer solidarisch. Er möchte nicht, dass irgendjemandem Unrecht geschieht. Und wenn er so etwas mitbekommt, dann fühlt er sich immer gefordert, die Dinge wieder richtigzurücken. Er stellt sich immer zunächst auf die Seite des vermeintlich Schwächeren bei Konflikten innerhalb der Firma.*

R. B. *Folgende Episode hat sich vor fast fünfzig Jahren ereignet. Wir waren noch in Künzelsau, am Bahnhof und da gab es einen Kunden aus dem Saarland, einen Einkäufer eines großen Autohauses. Wir hatten aber keinen Platz zum Hinsetzen.*

Wir hatten nur eine Treppe, die war maximal einen Meter breit, aber die Hälfte davon stand voll mit Kartons. Kein Tisch und kein Stuhl. Ich musste außen an der Treppe mit den Leuten verhandeln.

Ich habe dem Kunden dann alle möglichen Werbegeschenke hergeschleift, um ihn zu befriedigen. Trotzdem hat er sich beim Verkäufer offensichtlich über mich beschwert. Und der Verkäufer hat das Reinhold Würth erzählt. Doch ich war der Meinung, alles getan zu haben, was ich konnte. Da war ich so wütend und habe das gesagt, auch zum Reinhold. Das war morgens um zehn Uhr. Und um zwölf hat er mir eine Gehaltserhöhung gegeben. Das ist Reinhold Würth. Er hat gemerkt, dass ich das ungerecht fand. Das wollte er ausgleichen.

M. Sch. Ich hatte vor 19 Jahren einmal eine etwas schwierige Situation mit meinem Vorgänger, sodass ich mich Reinhold Würth in einem Gespräch anvertraut hatte. Da sagte er zu mir: »Herr Schäfer, egal was passiert, Sie sind mein Mann. Und wenn etwas ist, dann rufen Sie mich an, privat, oder Sie kommen, auch wenn es Samstag oder Sonntag ist, zu mir und wir reden drüber.« Das war für mich etwas Außergewöhnliches und hat mich sehr beeindruckt. Das gibt einem unglaublich viel Kraft, und dann hat man auch das nötige Selbstvertrauen, um so aufzutreten, dass die Leute wissen: Okay, im Unternehmen herrscht eine klare Struktur, der Weg ist vorgegeben und so wird es gemacht.

→ Rot.

→ Rot.

→ Rot.

→ Rot. Vielleicht
  aber auch Blau.

→ Rot.

→ Gelb.

→ RAL 3020.

→ Rot.

→ Rot.

Das neue
Jahrtausend

Mit Bettina Würth in der Dresdner Semper Oper, 2007

Das neue Jahrtausend

Punktgenau erreicht die Würth-Gruppe im Jahr 2000 das Umsatzziel von zehn Milliarden D-Mark – und das trotz der Turbulenzen auf dem Weltfinanzmarkt, trotz der Internetblase. Es gelingen zudem größere Zukäufe, zu denen auch der aussichtsreiche Elektrogroßhändler Uni Elektro gehört. Auch in den beiden Folgejahren glänzt die Würth-Gruppe noch mit neuen Rekorden.

Doch 2003 kommt die Krise auch bei Würth an. Wie schon einmal in den siebziger Jahren wird Personal abgebaut, so sozialverträglich wie möglich. Sorgen bereitet die große Fluktuation im Außendienst, die den sich verändernden Vertriebsstrukturen geschuldet ist.

Auf Parallelspur: Bettina Würth

In einem Familienunternehmen sind Familie und Unternehmen untrennbar miteinander verbunden. Das Unternehmen gehört zum engsten Familienkreis, so wie die Frau, die Großeltern und die Kinder. Es wundert daher nicht, dass sich Bettina Würth schon von klein auf als Mitarbeiterin des Familienbetriebs fühlte, wenn sie gelegentlich nach Feierabend zu Hause Anrufe der Kunden entgegennahm.

Ihre berufliche Karriere im Unternehmen begann 1984 mit einer Ausbildung zur Industriekauffrau, unter anderem bei der Tochtergesellschaft Normfest in Velbert. Seither durchlief sie unterschiedliche Unternehmensbereiche. Eine Station war die Würth International in Chur, Schweiz, eine weitere die als Assistentin des Divisionsleiters Holz International in der Würth-Linie.

Die nächste Station führte sie zurück nach Künzelsau, wo sie auf Vorschlag von Professor Unkelbach die Verantwortung für die Division Bau übernahm. Noch heute ist sie ihrem Vater sehr dankbar für diese Chance, denn durch diese Herausforderung hat sich ihre Liebe zum Vertrieb entwickelt.

Verstärkt wurde die Leidenschaft für den Vertrieb, als ihr am Ende des letzten Jahrtausends die Leitung für die Regio Nord/Ost übertragen wurden. Auch hier hat sich Bettina Würth bewiesen und wurde schließlich 2001 in die Konzernführung berufen, wo sie für mehr als neunzig Gesellschaften im In- und Ausland verantwortlich war. Seit 2006 ist sie Beiratsvorsitzende der Würth-Gruppe.

Vom Direktvertrieb zum Multichannel

Würth Deutschland ist auf dem Weg von einem reinen Direktvertriebsunternehmen hin zu einer Multi-Channel-Verkaufsgesellschaft. Neben dem klassischen Vertriebszweig durch dreitausend Außendienstverkäufer entsteht seit 2004 ein dichtes Netz von Verkaufsniederlassungen, in denen sich die Handwerkskunden zunehmend selbst mit Ware bestücken. Vierhundert Niederlassungen erwirtschaften heute bereits fünfundvierzig Prozent des Umsatzes.

Spät, aber mit wachsendem Erfolg, steigt Würth in den Online-Verkauf ein, der weitere fünfzehn Prozent des Umsatzes generiert. Diese Veränderungen irritieren das Selbstverständnis der Verkäufer. Von ihnen werden zunehmend Kompetenzen verlangt, die weit über das reine Verkaufen hinausgehen. Das weckt auch Befürchtungen, sich selbst am Ende überflüssig zu machen.

Werbespot »Wir können alles außer Hochdeutsch«, 2003

R. F. *Unsere Verkäufer sind auf dem Weg, sich zu Multikanal-Managern zu entwickeln. Sie müssen in der Lage sein, dem Kunden den Webshop zu erklären und mit ihm die Logistikthemen zu bearbeiten. Im Grunde müssen sie ihren Kunden sagen: Hier ist die Niederlassung, mich rufst du nur an, wenn ich vorbeikommen muss.*

Über sechzig Jahre hinweg ist die Würth-Gruppe im Durchschnitt jährlich um zweiundzwanzig Prozent gewachsen. Seit 2007 stagniert die Entwicklung – immerhin auf der Gewinnseite und mit 3,5 Milliarden Euro Eigenkapital.

Im Jahr 2008 erlebt Reinhold Würth ein großes persönliches Desaster, als er von der Staatsanwaltschaft beschuldigt wird, Steuern hinterzogen zu haben. Reinhold Würth schwört noch heute: »Dabei hatte ich nie einen Cent Schwarzgeld.« Den Strafbefehl hat er akzeptiert, um das Image des Unternehmens zu schützen. Doch die unfaire Darstellung in den Medien und sein persönlicher Gesichtsverlust haben ihn sehr tief getroffen und wirken noch immer nach.

Neben den Auswirkungen dieser Affäre auf das Unternehmen sind zunehmend gesamtwirtschaftliche Entwicklungen spürbar: Die Marktsituation hat sich mit der Globalisierung verändert. Me-too-Unternehmen kommen hoch. Der Markt wird härter. Was andere Konzerne schon lange spüren, kommt jetzt auch bei Würth an. Wird man dieses extreme Wachstum auch in Zukunft halten können? Zusätzliche Gewinnchancen sieht man darin, mehr Umsatz ohne direkte Interventionen des Verkäufers zu machen. Eine anspruchsvolle Managementaufgabe, zumal das Direktvertriebs-Gen sehr tief in das Unternehmen eingepflanzt ist.

Der Umsatz bricht 2009 um fünfzehn Prozent ein und erreicht damit eine Talsohle: Man reagiert mit Kurzarbeit, Arbeitszeitreduzierung, Personalabbau, auch jetzt wieder sozialverträglich, aber dennoch in einem Ausmaß, das es in der Unternehmensgeschichte noch nicht gab.

Ausgerechnet in diese Zeit hinein wird die Jacht ausgeliefert, die Reinhold Würth fünf Jahre zuvor in Auftrag gab. Die Zeitungen ereifern sich maßlos über den fünfundsiebzigjährigen Unternehmer, der in Krisenzeiten protzt. Doch für Reinhold Würth ist ein Traum in Erfüllung gegangen: Von jetzt an bereist er zweimal im Jahr zwei Monate lang die Weltmeere mit »seinem Boot«. Zwar empfängt er an seinem jeweiligen Aufenthaltsort Geschäftspartner und genießt die Tage mit der Familie, doch die Geschäftspost hat immer Vorrang.

Nach einer Erholungsphase, in der die 10-Milliarden-Euro-Vision nur knapp verpasst wird, entscheidet man 2013, sich vom Solar-Geschäft zu trennen, was mit erheblichen Umsatzeinbußen verbunden ist.

Die Zukunft braucht neue Strukturen

Die Würth-Linie macht heute mit dem klassischen Kerngeschäft, Montage- und Befestigungsmaterial, fünfundfünfzig Prozent des Unternehmensumsatzes aus, den größten Teil davon in Deutschland. Zu den Allied Companies gehören über die ganze Welt verteilte Handels- und Produktionsunternehmen. Diese sind zum Teil in ähnlichen Geschäftsfeldern wie die Würth-Linie tätig, aber auch Finanzdienstleister wie die Würth Finance sind dabei. Durch die Allied Companies werden fünfundvierzig Prozent des Umsatzes erzielt, dieser Zweig soll durch Unternehmenszukäufe noch gestärkt werden.

Das Geschäftsmodell der Divisionalisierung der Würth-Gruppe, also die an Branchen und Zielgruppen ausgerichtete Marktbearbeitung, wird seit 1989 Schritt für Schritt konsequent umgesetzt. 2013 ist die Umstrukturierung schließlich im obersten Entscheidungsgremium angekommen. Die siebenköpfige Konzernführung wird auf ein Vierergremium verkleinert, ihre Zuständigkeiten werden nach den strategischen Geschäftseinheiten Würth-Linie (Peter Zürn und Uwe Hohlfeld) und Allied Companies (Robert Friedmann und

Joachim Kaltmaier) aufgeteilt. So sollen Verant-
wortungen klarer, Entscheidungen flexibler und
Ergebnisse messbarer werden.

> P.Z. *Ich glaube schon, dass wir damit auch*
> *ein Stück weit mehr Wettbewerb unter uns*
> *haben und dass wir auch zielgerichteter*
> *Entscheidungen treffen können. Es ist nicht*
> *mehr so gemischt. Also ich persönlich spüre*
> *mehr Erfolgsdruck als vorher.*

2006

Leadership bei der Würth KG

Nichts verändert hat sich an den Positionen von Reinhold Würth
und Bettina Würth.

Nach wie vor ist der Stiftungsaufsichtsratsvorsitzende derjenige im Konzern, der den vollen Überblick hat. *The Brain of the
Company*. Er trägt zwar keine operative Verantwortung, ist aber
die letzte Instanz bei grundlegenden Entscheidungen. Er ist derjenige, der die Unternehmenskultur hochhält. Er ist die Identifikationsfigur. Er ist nicht zu ersetzen mit seiner Energie. Solange er
kann, wird er das Unternehmen treiben und treiben und treiben ...

Es ginge nicht mit rechten Dingen zu, wenn diese dominante
Rolle keine Konflikte mit dem jungen Management erzeugen wür-
de. Und mit Tochter Bettina, der designierten Nachfolgerin von
Reinhold Würth.

Vor drei Jahren noch hätte man mit Fragen zu diesem Thema
wohl in ein Wespennest gestochen. Heute hingegen sieht man auf
allen Seiten erleichterte Gesichter, in denen sich die Ruhe nach

dem Sturm spiegelt: Über Ambivalenzen wird gesprochen, Probleme werden gelöst. Geschäftsleitung, Vater und Tochter arbeiten konstruktiv zusammen.

Was nicht immer einfach ist. Jemand, der immer Chef war, wird nicht über Nacht zum Teamplayer. Und Geschäftsführer, die es gewohnt sind, Entscheidungen nach oben zu delegieren, müssen lernen, sich durchzusetzen. Ein Wechselspiel.

Das muss ich mir einfach sagen lassen, dass ich vielleicht noch zu viel reinrede. Ich sage halt: Macht ihr euer Zeug, dann rede ich überhaupt keinen Ton rein. Aber wenn es immer weiter hoch delegiert wird und dann bei mir landet, dann entscheide ich es eben. Hätten sie es vorher entschieden, würde ich ja nichts machen.

Es fällt ihm schwer, sich vorzustellen, dass sich das Unternehmen auch ohne ihn in seinem Sinne weiterentwickeln wird und so verlängert sich die Übergabephase auf unabsehbare Zeit.

Solange Reinhold Würth da ist, werden sich keine neuen Leadership-Strukturen entfalten können. Die Mitarbeiter spüren, dass sie in einer Übergangssituation sind, das verunsichert. Sie identifizieren sich mit dem von Reinhold Würth begründeten »Würth-Spirit«, und wünschen sich, dass dieser auch nach Reinhold Würth weiterhin gepflegt wird.

Momentaufnahme im Juli 2014

In der weiten, hügeligen Landschaft von Hohenlohe, nahe dem Künzelsauer Ortsteil Gaisbach, dehnt sich großflächig das Würth-Imperium aus.

Inmitten der Verwaltungs- und Lagergebäude liegt die 1991 bezogene Zentrale des Konzerns. Hier ist der »Würth-Spirit« am deutlichsten spürbar. Auf dem Weg zur Zentrale begegnet man geschäftigen, freundlich grüßenden Azubis, Sekretärinnen, Führungskräften und Besuchergruppen.

»Viel Licht« war offenbar die Zielvorgabe für die Architektur.

Und das funktioniert bei jeder Wetterlage, die Anlage ist hell und lichtdurchflutet. Flache, hellgraue Granitstufen führen zu einem weiß geklinkerten, großzügigen Vorplatz mit Brunnenanlagen und Stahlskulpturen von Robert Jacobsen. Klare moderne Architektur mit viel Glas kennzeichnet den Stil der Würth-Gruppe.

Wer hierherkommt, sollte für den repräsentativen Bereich des Verwaltungsgebäudes etwas Zeit einplanen, sich die aktuelle Ausstellung des Museums ansehen, über lichte Aufgänge die zweite Ebene erkunden, die Cafeteria um eine Brezel erleichtern und – wenn das Wetter gnädig ist – auf der Dachterrasse, die auch Freiluft-Kantine ist, einfach Atmosphäre inhalieren. Es ist gerade Mittagspause. Spontan entwickelt sich ein lebhaftes Gespräch mit einer Gruppe junger Mitarbeiter:

Lukas *Das Besondere bei Würth ist der freundliche und respektvolle Umgang miteinander. Und eine gewisse Professionalität. Fehler sind erlaubt, er verzeiht seinen Mitarbeitern, wenn etwas schiefgelaufen ist. Aber trotzdem ist der Wunsch da, dass sich jeder weiterentwickelt und aus Fehlern lernt.*
Ein wichtiger Teil unserer Kultur ist die permanente Entwicklung nach oben. Ich verbinde das Schlagwort »ständiges Lernen« damit, dass man nie aufhört, über den Tellerrand hinauszschauen. Ich möchte mich immer weiterentwickeln, menschlich und fachlich. Niemals zufrieden sein. Immer nach vorne schauen, auch dieses Visionäre. Ich habe mir das von ihm abgeschaut: Dass man Visionen entwickelt, sich Ziele setzt und sich dann überlegt, mit welcher Strategie, auf welchem Weg kommt man dahin und was benötigt man dafür. Also dieses grundlegende

Denken, dieser Würth-Spirit, verändert das Denken der
Mitarbeiter.

Sascha *Dadurch, dass die Visionen in der Vergangenheit immer
erreicht worden sind, haben die Mitarbeiter ein gewisses Vertrau-
en in seine Visionen und streben die dann auch gemeinsam an.*

Janet *Ich habe die Ausbildung hier gemacht, und bei der
Azubi-Veranstaltung mit den Eltern erschien er hier und schaute
sich an, was wir erarbeitet haben. Das macht er, obwohl er
ein vielbeschäftigter Mann ist! Und das ist für uns junge Mitarbeiter sehr wichtig.*

Clarissa *Jeder, der hier arbeitet, identifiziert sich mit diesem
Familienunternehmen. Aber wenn man das weltweit sieht, muss
man noch lernen, internationaler zu denken.*

Lukas *Bei der Größe unseres Unternehmens ist es manchmal
schwierig, sich die Flexibilität zu bewahren. Man hält manchmal
an Prozessen fest und sagt, das war so, das ist so, das wird sich
nie ändern. Reinhold Würth dagegen hat dieses flexible Denken.*

Clarissa *Wenn man zum Professor Würth gehen würde, um
das mit ihm zu besprechen ...*

Sascha *... ich glaube, er würde das auch befürworten ...*

Clarissa *… richtig, genau. Dann wäre er der Erste, der sagen würde: Gut, dann machen wir einen Termin. Aber welcher Mensch würde sich trauen, so etwas anzusprechen? Also ich habe einen Heidenrespekt vor diesem Mann.*

Lukas *Wobei ja vor Kurzem Gespräche zwischen Mitarbeitern und Reinhold Würth stattgefunden haben. Ich denke, das genau ist der richtige Weg. Er würde die Problematik hundertprozentig hinterfragen und so weit bohren, bis er wirklich die Ursache erkennt.*

Was würden Sie Professor Würth gern sagen?

Clarissa *Also ich würde ihn erst mal umarmen, weil er aussieht wie mein Opa.* (Lachen) *Das wollte ich ihm schon immer mal sagen.* (lacht)

Lukas *Ich würde ihm bestätigen, dass seine Grundhaltung, die Werte, für die er steht, den Erfolg des Unternehmens ausmachen. Und dass er auch heute noch dieses Vorbild für uns ist und es auch weiterhin sein wird.*

Clarissa *Ich persönlich bin stolz drauf, ein Teil seines Unternehmens zu sein …*

Lukas *Ja, auf jeden Fall!*

Sascha *Es ist für viele Leute hier in der Region sehr wichtig, dass das Unternehmen da ist.*

Clarissa *Man wächst mit Würth auf. Also, meine Tochter sagt: Wenn ich groß bin, will ich auch mal beim großen Würth arbeiten.*

Clarissa *Es gibt viele andere Unternehmen in der Gegend, aber Würth ist das Vorzeigeunternehmen.*

Lukas *Würth steht für Qualität, Optimismus, Dynamik, Zufriedenheit, Einsatz, Leidenschaft. Würth verbinden viele mit einer gehobenen Firma. Als ich meine Ausbildung hier begonnen habe, wurde ich gefragt: Wie hast du denn das geschafft, hast du da Bekannte?*

Clarissa *Das Vorbild nach dem Reinhold, das fehlt im Moment noch ein kleines bisschen, ich bin gespannt, wie sich das in den nächsten Jahren weiterentwickeln wird. Ich hoffe nicht, dass man mit Würth irgendwann einfach nur ein großes Unternehmen verbindet, das um jeden Preis gewisse Kennzahlen erreichen möchte.*

→ Dirigent.

→ Er ist Kaufmann.

→ Politiker, Lehrer, Professor für Wirtschaft.

→ Oberbürgermeister in Berlin.

→ Lehrer oder König!

→ Auf jeden Fall Unternehmer. Er hätte aus
allem was gemacht.

→ Pilot. Er fliegt für sein Leben gern.

→ Er ist ein Mensch, der, egal in welcher Rolle,
ein unglaublich gutes Ergebnis produziert.

→ Er ist ein Verkäufer.

→ Etwas, wo er Menschen führen kann.

→ Er will wieder das Gleiche werden wie jetzt.

→ Verkäufer für die Abera-Schleider
(Kartoffelschleuder).

Der
»Würth-Spirit«

After-Work-Party auf dem Museumsvorplatz, 2013

Der »Würth-Spirit«

Es ist das menschliche Miteinander, gepaart mit dem unbedingten Willen, das zu tun, was richtig ist, in einer sehr pragmatischen, geschäftstüchtigen Art und Weise. Ich habe schon viele Unternehmen erlebt, aber die Kultur von Würth ist für mich absolut top, danach kommt lange nichts.

Langjähriger Kenner und Begleiter des Unternehmens

Wie ist es Reinhold Würth gelungen, diesen »Würth-Spirit« aufzubauen? Schon sehr früh war ihm bewusst, dass er seine Mitarbeiter auch mental und emotional ansprechen muss, um sie auf die Unternehmensziele auszurichten. Zum einen brauchte man die technischen Bedingungen, um eine Hochleistungsorganisation möglich zu machen, zum anderen mussten Voraussetzungen geschaffen werden, um ein starkes Wir-Gefühl zu entwickeln.

Aus der Erfüllung von »To Do's« entsteht noch keine starke Unternehmenskultur. Reinhold Würth brachte die entscheidenden Attribute mit, die eine erfolgreiche Gründerpersönlichkeit auszeichnen: Neugier, Ehrgeiz, Disziplin, Perfektion und unternehmerischer Mut – diese Eigenschaften hat er für alle sichtbar und sehr überzeugend vorgelebt.

Aus seiner Vorbildfunktion heraus ist ihm die Rolle des charismatischen Pioniers zugewachsen. Sie hat seine Autorität begründet. Aus dieser Position konnte er selbst verwegen klingende Zukunftsvisionen entwerfen, sie wurden aufgenommen, denn er hatte das Vertrauen seiner Mitarbeiter. Auch wenn das Erreichen

der ehrgeizigen Zielvorgaben manchmal aussah wie Zauberei –
diese Erfolge basierten auf nüchterner, strategischer Arbeit. Der
Zauber lag in der Ermächtigung und Mobilisierung der Mitarbeiter.

Im Mittelpunkt steht der Mensch

*Wieso sollte denn ein Unternehmen nicht versuchen, die dem
Menschen innewohnende Freude am gemeinsamen Erfolg auch
für die betrieblichen Zwecke zu nutzen?* Reinhold Würth

Um Freude am gemeinsamen Erfolg zu empfinden und sich als
wertvoller Teil eines größeren Ganzen zu erfahren, braucht es vor
allem ein motivierendes Umfeld.

*Arroganz ist der Tod jeder zwischenmenschlichen oder
geschäftlichen Beziehung.* Reinhold Würth

Mit Argusaugen achtet Reinhold Würth von Beginn an darauf,
dass all die Tugenden, die eine positive Gemeinschaft begründen,
im Unternehmen hochgehalten werden. Jeder Anflug von Arroganz ist ihm deshalb ein Graus:

Arroganz ist alles, was eine gewisse Überschätzung der eigenen
Kräfte, der eigenen Position beinhaltet und andere abwertet.
Wenn man sich über andere stellt und damit dokumentieren will,
dass man mehr, besser, überlegen ist. Die tollsten Wissenschaftler
und die tollsten Unternehmer sind überwiegend bescheidene
Persönlichkeiten.

Und er fügt hinzu:

Meine Frau sagt, ich soll mich an der eigenen Nase packen.
Und ich muss zugeben, manchmal werde ich dann schon ungeduldig,
wenn es so richtig dumm zugeht und die Menschen sich zu blöd
benehmen. Dann kann ich schon mal ein bisschen auftrumpfen.

Nobody is perfect. Doch wird eine Grundhaltung von Dankbarkeit, Achtung, Bescheidenheit und Respekt vom Management
täglich vorgelebt und gefördert, dann stehen die Chancen gut,
dass diese Haltung auch die anderen Mitarbeiterebenen prägt.

> J.C.V. *Er hat ein großes Talent, gute Leute zu finden. Er hat mir
> mal erzählt, er guckt die Leute an – das ist witzig –, bevor sie
> mit ihm reden. Wie sprechen sie mit anderen Leuten? Reden sie
> anders, als sie nachher mit ihm reden? Und wenn er merkt,
> dass sie arrogant sind, dann ist für ihn der Fall erledigt. Aber
> wenn er merkt, sie sind höflich und engagiert, dann ist das
> für ihn sehr wichtig.*

Das Gegenteil von Arroganz ist Bescheidenheit, die Begegnung
auf Augenhöhe. Auch das Wort »Danke« darf nirgends fehlen,
nicht im Schriftverkehr, nicht in der Mitarbeiterzeitung, nicht
im täglichen Umgang miteinander.

C. S. W. Reinhold Würth ist es sehr ernst mit der Dankbarkeit.
Er weiß, dass er viel Glück hatte, und dafür ist er sehr dankbar.
Das versucht er bei jeder Gelegenheit auszudrücken.

Reinhold Würth achtet auf Menschen. Er bringt seine Besucher beim Abschied gern selbst vom vierten Stock hinunter zur Tür, nicht wenige Manager machen ihm das inzwischen nach. Trifft er im Restaurant auf eine Gruppe von Lehrlingen oder Außendienstmitarbeitern, dann versäumt er es nicht, sie persönlich zu begrüßen, lässt sich auf Wunsch auch gern mit ihnen fotografieren. Warten die Chauffeure von Wirtschaftslenkern und Politikern nach einer Veranstaltung draußen auf ihre Chefs, ist er derjenige, der allen – oft per Handschlag – noch einen Guten Abend wünscht. Und sein Chauffeur Bernd Krummrein freut sich, dass er es mit seinem Chef sehr viel besser getroffen hat als manche seiner Kollegen.

J. M. Sie können zu Würth gehen, weltweit, Sie treffen überall die gleiche Mentalität, freundlich, zuvorkommend, ohne Überheblichkeit. Das ist ein Thema, auf das Herr Würth ständig schaut.

Socializing: Die Menschen zusammenbringen

Das gesellige Beisammensein, der offene Austausch miteinander, das gemeinsame Feiern ist ein Grundelement der Würth-Kultur. Was Würth sehr von anderen Firmen unterscheidet, ist, dass auch die Ehepartner mit eingebunden sind. Gibt es einen Anlass, dann wird er bei Würth großzügig gefeiert.

Und es gibt viele Anlässe: Ausstellungseröffnungen, Open-Air-Konzerte mit Klassik und Rock, Jubiläen, Weihnachtsfeiern, After-Work-Partys für den Rekordumsatz oder die Spiele der Fußballweltmeisterschaft.

Spontan organisierte Würth Ende Juni 2014 vor der Firmenzentrale zum Spiel Deutschland gegen USA eine WM-Party mit Public Viewing, Bratwurst und Bier. 1500 Mitarbeiter feierten bis Mitternacht. Auch Bettina Würth war mit dabei. Da ist es fast egal, dass am nächsten Tag alle Zeitungen den Chef mit der Aussage zitieren, Fußball schmälere die Produktivität. Sein Augenzwinkern versteht halt nicht jeder Journalist.

Die Würth-Kongresse

Legendär sind die Würth-Kongresse, zu denen sich Geschäftsführer und Top-Führungskräfte aus der ganzen Welt zusammenfinden. Das erste Mal fand dieses, oft über drei, vier, fünf Tage zelebrierte Ritual 1977 in London statt. Siebenundzwanzig Kongresse hat es bisher gegeben, in New York und Nizza, in Montreux und Marrakesch, in Phoenix und Istanbul, in Miami und Kapstadt.

P. J. *Es gab einen festen Programmablauf und Reinhold Würth sprach morgens um acht Uhr immer als Erster. Er hat darauf geachtet, dass in der ersten Reihe immer noch ein, zwei Plätze frei sind. Das hatte eine ganz große Bedeutung. Denn nachts hat man sich ja getroffen, getrunken und gefeiert. Und so mancher*

hatte Probleme, morgens pünktlich im Festsaal zu erscheinen.
Wenn dann einer zu spät kam und sich hinten verdrücken wollte,
rief Herr Würth: »Hallo, mein lieber Herr Meier, kommen Sie,
vorne haben wir noch Platz!« – Und dann durfte der durch die
ganze Reihe gehen und alle haben Beifall geklatscht. Jeder
hat sich bemüht, nicht als Letzter zu kommen. Das war eine
ausgesprochene Schlitzohrigkeit!

Nach den obligatorischen Ansprachen, Vorträgen und Ehrungen
blieb viel Freiraum für das Eigentliche: die informelle Kommunikation und das Feiern.

J. M. *Das hat meine Frau sehr fasziniert. Wir haben Freund-*
schaften geschlossen mit Norwegern, Franzosen und Amerika-
nern. Für meine Tätigkeit war dieser sehr persönliche Aus-
tausch wesentlich, um Vertrauen aufzubauen. Schließlich sollten
alle Gesellschaften mit der Würth Finance zusammenarbeiten.
Innerhalb kurzer Zeit kannte ich alle Finanzmanager der
Würth-Welt.

Damit das Familiäre dieser Austauschplattform erhalten bleibt,
muss sie jetzt neu formatiert werden. Denn parallel zur Expansion der Würth-Gruppe ist die Teilnehmerzahl kontinuierlich auf
über eintausend angestiegen. So plant man in Zukunft, auch die
Kongresse zu »divisionalisieren«, um trotz der Unternehmens-
größe eine persönliche Atmosphäre zu erhalten.

Der Würthary-Club

»Irgendwann sind wir alt und es wäre doch schade, wenn wir dann alle auseinandergehen« – mit dieser Überlegung gab Henk Lastdrager, ehemaliger Geschäftsführer der niederländischen Würth Gesellschaft, den ersten Impuls zur Gründung des Würthary-Clubs.

Zweimal im Jahr sind die Firmenflieger der Würth-Air reserviert für den Würthary-Club. Er funktioniert ähnlich wie der Rotary oder Lions. José C. Viana, heute Vizepräsident des Clubs, nahm die Idee auf und besprach sie mit den frisch pensionierten Geschäftsführern:

> J. C. V. *Wie wäre es, wenn wir einen Club gründen für alle internationalen Ex-Geschäftsführer. Wir treffen uns da und dort, diskutieren über unsere Firma, über Marketing, über Museen und Musik ...? Und alle fanden das toll. Dann haben wir das Reinhold Würth präsentiert: Er war begeistert!*

Seit zwölf Jahren fliegen nun die ehemaligen Würth-Geschäftsführer mit ihren Ehefrauen für gesellige Wochenenden nach Frankreich, Spanien oder Portugal. Es werden immer mehr, und so langsam kommt die Würth-Aviation an den Rand ihrer Kapazitäten ...

Das Unternehmen ist die Familie

Eine starke, positive Unternehmenskultur kann man nicht verordnen oder »machen«, denn sie setzt sich aus vielen kleinen Facetten zusammen, aus Erlebnissen, Begebenheiten, Geschichten und

Episoden. Wenn dieser Erfahrungsbereich über-
einstimmt mit den Werten, Verlautbarungen,
Handlungen und Entscheidungen der Unterneh-
mensleitung, dann entsteht er, dieser besondere Spirit, der Mitarbeiter stolz und stark macht,
loyal und integer.

Das scheint Würth gelungen zu sein. Und
zwar nicht nur Reinhold Würth, sondern ebenso seiner Familie und seinem Management.
Man weiß, dass diese Menschen echt sind, dass

2009

man auf sie setzen kann. Man spürt die gegen-
seitige Unterstützung und ihren Zusammenhalt. Man sieht sie
fröhlich inmitten der Feste und Firmenfeiern, wo sie keine Son-
derrolle für sich beanspruchen.

D. Sch. *Bei unseren Geschäftsführern und Vorständen kann
passieren, dass man mit ihnen bei einer Veranstaltung an einem
Tisch sitzt. Und wenn man sie nicht kennt, wird man nicht
merken, dass sie die Chefs sind. Und das ist das Schöne! Sie hören
zu, sind zum Anfassen nah, sind an der Basis mit dabei. Da
greift das, was sich der Herr Professor Würth immer gewünscht
hat: Demut und Bescheidenheit.*

J. C. V. *Die Würth Finanz ist jetzt dreißig Jahre alt. Reinhold Würth
und Carmen Würth waren jedes Jahr bei der Weihnachtsfeier
dabei. Für die Leute hier, das sind hundertdreißig Mitarbeiter, ist
das großartig.*

Das Unternehmen ist die Familie, und wie man in den Wald hineinruft, so schallt es zurück:

> N. H. *Die spannende Konstellation bei uns ist, dass wir zum einen eine sehr enge Beziehung zu der Familie pflegen und zum anderen ein Unternehmen führen, das sehr stark nach betriebswirtschaftlichen Themen ausgerichtet ist. Bettina Würth hat das sehr gut gesagt. In der Familie spricht man von Liebe und Zuneigung; im Unternehmen spricht man von Vertrauen und Verantwortung. Das überlappt bei uns. So entsteht dieses spannende Geflecht in der Wahrnehmung der Mitarbeiterinnen und Mitarbeiter, aber auch in der Wahrnehmung des Unternehmens von außerhalb. Dort wird gesagt: Mensch, die sind so eng miteinander. Wie wir diese Würth-Kultur mit uns tragen, wie wir über das Unternehmen sprechen, das hat sehr viel familiären Touch.*

Für die Mitarbeiter bedeutet es eine große Sicherheit, dass Bettina Würth im Unternehmen ist, denn sie steht für die Weiterführung des Würth-Spirits und der Familientradition.

Auch Würth-Tochter Marion gestaltet die Zukunft des Unternehmens mit. Während sie selbst im Hintergrund wirkt und ihren Vater auf seinen vielen Geschäftsreisen begleitet, sind ihre beiden Söhne im Konzern bereits sehr aktiv. Sebastian Würth (28) baut für die Würth-Gruppe den Bereich Offshore & Maritim aus, eine Sparte, in der die ganz großen Schrauben gebraucht werden. Benjamin Würth (32) ist stellvertretender Geschäftsbereichsleiter des Konzerns und Geschäftsführer der Würth-India.

Der Unternehmensgründer ist zuversichtlich:

Das wird schon recht. Insgeheim schmunzele ich manchmal über die Jungen, sie nehmen schon viel von mir auf, auch wenn ihnen das vielleicht gar nicht so bewusst ist.

Vorgesorgt hat er: Seit 1987 ist das Unternehmenskapital in Familienstiftungen eingebracht. Damit wollte Reinhold Würth erreichen, dass die Versorgung der Familie gesichert – und gleichzeitig eine lang andauernde Weiterentwicklung des Unternehmens gewährleistet ist. Der Stiftungsaufsichtsrat soll aus zwei familienfremden und drei vom Familienrat bestellten Mitgliedern bestehen.

Den beiden Enkeln traut er langfristig Toppositionen im Konzern zu, Vorsorglich hat er in einem 250 Seiten umfassenden »Kompendium der rechtlichen Strukturen der Würth-Gruppe« die diffizilen Sachverhalte und Rechtsbeziehungen der Würth-Gruppe zusammengefasst.

Vier Generationen Würth, 2013

→ Metzger. Er könnte kein Viech abschlachten.

→ Bademeister!

→ Schauspieler.

→ Küchenhilfe! Er wäre nicht hilfreich in der Küche.

→ Angestellter. Er lässt sich nicht reinreden.

→ Krankenpfleger. Er hätte keine Geduld.

→ Beamter, *(lacht)* er würde wahrscheinlich
   das Ministerium sprengen!

→ Irgendwas in der Modebranche.

→ Schrankenwärter bei der Bahn.

→ Unter einem, der ihn rumkommandiert.
   Er ist Häuptling.

→ Handwerker.

→ Beamter beim Finanzamt.

→ Koch.

Kunst, Bildung und Kultur für alle

Eröffnungsausstellung im Museum Würth, 1991

Kunst, Bildung und Kultur für alle

Die Adolf Würth GmbH & Co. KG ist nicht nur die umsatzstärkste von vierhundert Gesellschaften der Würth-Gruppe, sie ist auch das Image-Flaggschiff des Konzerns. Die »gehobene Ausstrahlung« verdankt das Unternehmen jedoch weniger seiner Eigenschaft als Marktführer für hochwertiges Verbindungs- und Befestigungsmaterial, sondern vor allem der Kunst.

Reinhold Würths Fähigkeit, Ideen so zu verknüpfen, dass etwas Neues, Einzigartiges entsteht, ist am Beispiel Kunst anschaulich nachvollziehbar. Kunst und Kultur bestimmen heute den Auftritt des Unternehmens mit Museen am Stammsitz in Künzelsau sowie der Kunsthalle Würth und der Johanniterkirche in Schwäbisch Hall.

Darüber hinaus sind in den europäischen Landesgesellschaften elf Kunstdependancen der Würth-Gruppe entstanden. Das Einzigartige dort: Kunst und Kultur sind immer direkt in die Firmen integriert, gehören zur gelebten Arbeitskultur.

Seine erste Investition macht Reinhold Würth 1971 mit dem Kauf des Aquarells »Wolkenspiegelung in der Marsch« von Emil Nolde. Dazu inspiriert hat ihn sein langjähriger Freund Paul Swiridoff, ein Fotograf und Kunstliebhaber. Dieser meint, es sei ja nun genug Geld verdient worden mit den Schrauben, höchste Zeit also, sich auch mal mit anderen Dingen zu beschäftigen, zum Beispiel mit Kunst.

Reinhold Würth beginnt, sich intensiv mit Kunst auseinanderzusetzen, knüpft Kontakte zu Malern und Bildhauern, besucht sie in ihren Ateliers, erwirbt das eine oder andere Exponat. Die Kunst ist für Reinhold Würth eine Passion geworden, der Besuch in einem Künstleratelier sei für ihn wie ein Urlaubstag, sagt er. Wann immer sich die Gelegenheit ergibt, besucht er Museen und Galerien.

C. S. W. *Was er tut, das tut er mit ganzem Herzen. Es gab und gibt viele Unternehmen, die sich mit Kunst profilieren oder das unter rein wirtschaftlichen Gesichtspunkten sehen. Bei ihm hingegen erfolgt eine ernsthafte Auseinandersetzung, Kunst interessiert und berührt ihn.*

J. M. *Für mich ist Reinhold Würth ohne Kunst nicht denkbar. Das gehört zu ihm.*

So wächst die Sammlung von internationaler zeitgenössischer Kunst und klassischer Moderne, später ergänzt durch Alte Meister, über die Jahre kontinuierlich an. Bei der Auswahl zeigt sich Würth als Kenner und Freigeist. Er folgt seiner persönlichen Affinität, ihn faszinieren Exponate, die gegensätzlich und markant sind, das Konkrete und Figurative zieht er dem Abstrakten vor.

Kunst setzt Energien frei

Als die moderne, lichtdurchflutete Konzernzentrale in Künzelsau-Gaisbach 1991 bezogen wird, stellt Reinhold Würth ein Konzept vor, das ein absolutes Alleinstellungsmerkmal aufweist und zum Erfolgsmodell für weitere Neubauten der Würth-Gruppe in verschiedenen Ländern wird:

Im Gespräch mit Christo, 1993

Direkt in das Verwaltungsgebäude ist ein Museum mit einer Ausstellungsfläche von fast 1000 Quadratmetern integriert. Durch die Präsentation aus dem Bestand seiner Sammlung sowie gastierender Werkkomplexe und Sammlungen öffnet er das Unternehmen und macht die Kunst seinen Mitarbeitern und der Öffentlichkeit frei zugänglich, sieben Tage in der Woche.

Jeder kann die hochwertigen Ausstellungen besuchen und unter anderem Werke und Installationen von Pablo Picasso, Max Ernst, Paul Gauguin, Robert Jacobsen, Alfred Hrdlicka und Christo sehen.

Die Ausstellung ist jedoch nicht nur auf das Museum beschränkt. Die Werke präsentieren sich auch im Freigelände, auf den Gängen und in den Büros der Konzernzentrale. Die Mitarbeiter wirken bei der Entscheidung, welches Gemälde sie sich an die Wand hängen wollen, mit und können sich aus einem extra dafür eingerichteten Fundus sogar Exponate für ihr Zuhause ausleihen.

Die Inspiration und Kontemplation, die er selbst in der Kunst als Kontrapunkt zum Pragmatismus der Geschäftswelt findet, möchte Reinhold Würth auch seinen Mitarbeitern ermöglichen. Und schließlich setzt Kunst ja auch kreative Energien frei, die dem Unternehmen zugutekommen.

Stolz auf und Identifikation mit einem Arbeitgeber, der den Arbeitsplatz zum Kunstraum macht, ist die eine Seite. Durch das kulturelle Angebot gewinnt die sehr abgeschiedene ländliche Region von Hohenlohe aber auch für »High Potentials« an Attraktivität.

C. S. W. *Die Kunst hat bestimmt viele Menschen dazu gebracht, dieses Unternehmen anders wahrzunehmen. Es kann durchaus attraktiv sein, für einen interessanten Job von München oder Hamburg nach Künzelsau zu ziehen. Sie sagen sich jetzt: »Da gibt es das Museum, es gibt Konzerte, Literaturveranstaltungen und dann auch noch eine schöne Landschaft – da gehen wir hin!«*

2001 wird in Schwäbisch Hall, auf dem Gelände der ehemaligen Löwenbrauerei, ein weiteres Museum, die Kunsthalle Würth, mit 2000 Quadratmetern Ausstellungsfläche, eröffnet. Auch hier werden Exponate internationaler Künstler wie Edvard Munch, Anselm Kiefer, Georg Baselitz, David Hockney oder Niki de Saint Phalle ausgestellt.

In der Nähe der Kunsthalle liegt die Johanniterkirche. Nach jahrelanger Grundsanierung ist sie seit 2008 Heimstatt hochwertiger Exponate der Alten Meister wie Cranach, von Meßkirch, Haider oder Hans Holbein d. J., dessen legendäre »Madonna des Bürgermeisters Jakob Meyer zum Hasen« hier zu sehen ist.

Die Kunst hat nicht geschadet

Die Frage, ob sich die Investition in Kunst für das Unternehmen rechne, komme oft bei Vorträgen oder Interviews, erzählt Reinhold Würth. Auch intern gebe es die »Wirtschaftsprüfer-Buchhalter-Typen«, die am Mehrwert zweifeln. Seine freundlich-lakonische Antwort lautet dann immer:

Als ich vor vierzig Jahren angefangen habe, Kunst zu sammeln, war Würth ein Nobody – und heute sind wir der Konkurrenz davongerannt. Also kann die Kunst zumindest nicht geschadet haben.

Im April 2013 eröffnete, direkt am Schweizer Ufer des Bodensees, das Würth Haus Rorschach. Es ist Sitz mehrerer Konzerngesellschaften und eines großzügig gestalteten Kunstforums. Schon im ersten Jahr ziehen die hochwertige Ausstellung und die bemerkenswerte Architektur über 60.000 Besucher an.

J. M. *Kunst hat gerade in der Finanzwelt die Präsenz und Ausstrahlung der Marke Würth extrem gefördert. Diese Leute werden nicht von unseren Schrauben angesprochen, sondern von unserem Museum. Die finanzielle Frage ist aber nicht der Treiber hinter der Sammlung. Für ein Familienunternehmen ist eine solche Investition machbar, weil die Familie keinen Investoren erklären muss, warum sie Kunst erwirbt. Das hat dem Ruf des Unternehmens viel gebracht.*

Die wechselnden Ausstellungen in den Museen und Dependancen, begleitet von Konzerten, Lesungen und Vorträgen sowie aktiver Kunstvermittlung, prägen heute stark die Wahrnehmung des Unternehmens Würth, das zusätzlich durch Preise die Literatur, Bildhauerei und musikalische Höchstleistungen fördert – und auch damit auf sich aufmerksam macht.

Über Erwähnungen in den Feuilletons kann sich Würth tatsächlich nicht beklagen, doch nicht nur die soziale Komponente und der Imagegewinn sprechen für die Fortführung der Sammelleidenschaft. Das Ergebnis nach vierzig Jahren: über 16.000 Exponate. Dass auch mal eine »Leiche« dabei ist, kann Würth verkraften, denn insgesamt erweist sich die Kunst auch aus kaufmännischer Sicht als überzeugende Investition mit guter Rendite. Und als beachtliche Reserve.

Für José C. Viana offenbart sich in dieser Verknüpfung von Kunstsammlung, Arbeitskultur und Gemeinwohl die Großzügigkeit von Reinhold Würth:

J.C.V. *Wenn Sie Unternehmer sind und wahnsinnig viel Geld haben, können Sie handeln wie Katharina die Große im 18. Jahrhundert in Sankt Petersburg. Sie sagte: Ich lebe hier in diesem Riesenschloss und diese ganze Kollektion, diese ganzen Bilder sind für mich und meine Mäuse. Diese Frau ist gestorben mit den Mäusen und ihrer Kunst. Aber die anderen Russen haben das kaum gesehen. Reinhold Würth sammelt, aber nicht nur für sich und für die Mäuse, sondern für alle Leute und für seine Mitarbeiter.*

Die Entwicklung der Heimat Hohenlohe

Für die Bewohner der Region Hohenlohe war Würth schon immer ein hochinteressantes Unternehmen. Die schnelle Expansion, die ausgelassenen Feste, der schillernde, weltmännische Chef. So war der jährliche »Tag der offenen Tür« immer sehr gut besucht. Dieses Interesse von außen brachte Reinhold Würth eigentlich erst auf die Idee, sein Unternehmen als Kunst- und Kulturstätte ganzjährig zu öffnen.

Der Unternehmenserfolg hat auch die ökonomische und kulturelle Entwicklung der Region Hohenlohe befördert. 6000 Menschen aus der Region arbeiten bei Würth sowie in traditionsreichen Hohenloher Firmen, die durch die Übernahme von Würth erhalten wurden.

Die Pflege der Kultur

Man übertreibt nicht, wenn man sagt, dass Würth den Landkreis geprägt hat. Noch in den siebziger Jahren war ein Marionettentheater das kulturelle Highlight in Künzelsau. Heute hat sich in der Region durch vier Museen, durch Lesungen und Konzertreihen eine blühende Kulturatmosphäre entwickelt. Als Sponsor unterstützt Würth regionale Theaterhäuser, verschiedene Orchester, Literaturveranstaltungen und viele Kleinbühnen der Region.

Solche Anfragen laufen über die Gemeinnützige Stiftung Würth, sie wurde 1987 vom Ehepaar Würth gegründet. Außer Kunst und Kultur in Hohenlohe fördert sie auch Forschung, Wissenschaft, Bildung und Erziehung.

Die Förderung der Bildung

Auf Initiative von Bettina Würth eröffnete 2004 in Künzelsau die Freie Schule Anne-Sophie. Sie hat sich auf die Fahnen geschrieben, dass jedes Kind die Schule als Gewinner verlassen soll. Außerdem fördert die Stiftung Würth Investitionen, Forschungsvorhaben und Stipendien an der Hochschule Heilbronn und unterstützt auf Initiative von Carmen Würth ein Kinderheim in Kirgisistan.

Das Angebot für Gäste

Wer als Gast im Landkreis Hohenlohe nach einer Weinstube, einem Restaurant oder einer netten Unterkunft Ausschau hält, hat gute Aussichten, eines der Etablissements der Würth-Gruppe kennenzulernen. Augenzwinkernd wird behauptet, Carmen und Reinhold Würth befänden sich im Hotelleriebereich miteinander im Wettbewerb. Wer führt? Carmen Würth mit dem Restaurant-Hotel Anne-Sophie oder Reinhold Würth mit dem Superior-Hotel Wald & Schlosshotel Friedrichsruhe? Die Ausrichtung unterscheidet sich zwar, aber Wohlfühlcharakter erster Klasse bieten beide Häuser.

RW strandet allein
auf einer Insel.
Was fehlt ihm am meisten?

→ Sein Diktiergerät.

→ Er wäre einsam und allein.
   Er braucht Menschen um sich, die ihn
   geistig fordern.

→ Sein Diktiergerät.

→ Es fehlt ihm sicher seine Frau.
   Und zwar nicht eine, sondern seine.

→ Sein Diktiergerät.

→ Bücher und Musik.

→ Sein Diktiergerät.

→ Eine Frau. Aber die muss den Schnabel
   halten und machen, was er sagt.

Die andere Hälfte:
Carmen Würth

Die andere Hälfte:
Carmen Würth

Man kann kaum glauben, dass das Ehepaar Würth schon seit achtundfünfzig Jahren verheiratet ist. Denn dafür wirkt die südländisch aussehende, strahlende Frau an seiner Seite viel zu jugendlich.

Schönheit von innen. Dabei waren die Umstände nicht immer einfach. Sie ist neunzehn, als sich Reinhold Würth auf einer Geschäftsreise am Bodensee stürmisch in das zierliche Mädchen mit hugenottischen Vorfahren verliebt. Sie folgt ihm nach Künzelsau – zunächst ins Haus der strengen Schwiegermutter. Marion und Bettina werden geboren – dann folgt Markus. Der Junge ist knapp zwei Jahre alt, als sich herausstellt, dass die obligatorische Schutzimpfung sein Nervensystem schwer geschädigt hat.

Während die Firma durchstartet und Reinhold völlig in ihren Bann zieht, gibt Carmen alles, um den Familienalltag zu schultern. Man lebt die selbstverständliche Rollenverteilung der fünfziger Jahre, für Carmen Würth verschärft durch ein behindertes Kind, das sehr viel Zuwendung braucht, und einen Workaholic, für den sein Zuhause als Aufladestation perfekt funktionieren muss.

Viele Mitarbeiter sind heute davon überzeugt, dass sie am Erfolg des Unternehmens mit gut fünfzig Prozent beteiligt ist. Nicht nur, weil sie Familie und Ehemann im Hintergrund stabilisiert. Sie verkörpert auch nach außen einen starken Gegenpol zu ihrem Mann.

Von Beginn an steht sie bei öffentlichen Anlässen fest an seiner Seite – fröhlich, unterhaltsam und mit großer Bescheidenheit. Vor der Erweiterung der Künzelsauer Firmenzentrale 1991 diente der Wohnsitz der Familie, das Hermersberger Schloss, oft als Veranstaltungsort. Mit herzlicher Gastfreundschaft hat Carmen Würth hier Konzerte und Feste für Geschäftsfreunde und geladene Gäste ausgerichtet.

> J. C. V. *Alle internationalen Geschäftsführer waren bei ihr und sie hat alle an der Tür empfangen. Sie hat jeden schon am Eingang begrüßt. Wissen Sie, was das bedeutet? Eine solche Persönlichkeit macht sich die Mühe, empfängt an der Eingangstür und begrüßt jeden, der reinkommt? Und nicht: Irgendwann komme ich sehr schön die Treppe runter ... Wenn man bescheiden ist und nett angezogen und heißt jeden persönlich willkommen und sagt: Geht's nur rein! Das ist sehr sympathisch.*

Ihre Präsenz bei Feierlichkeiten, Veranstaltungen und Jubiläen berührt die Anwesenden auf besondere Weise, wirkt manchmal vielleicht sogar auf eine subtile Weise transformierend in dieser leistungsorientierten Geschäftswelt.

> V. R. *Wenn man die beiden zusammen erlebt, spürt man eine gegenseitige Unterstützung. Irgendwie ist eine Kraftwelle zu spüren, die Carmen Würth Ihrem Mann immer wieder gibt.*

> J. C. V. *Für mich war Carmen Würth mindestens so motivierend wie ihr Mann. Ich habe gewusst, die Frau steht zu uns, ist mit uns verbunden. Sie liebt uns und wir lieben sie. Und wenn sie mit ihm zusammen ist – diese Symbiose ist sensationell.*

Sie hat einfach so was Herzliches, so eine warme, harmonische Ausstrahlung. Du kannst gar nicht anders, als sie mögen.

Seit dem Würth-Kongress in Kapstadt 2008 mit Bischof Tutu hat Carmen Würth die Rolle des sozialen Gewissens der Würth-Gruppe. Als der Moderator sie während des Podiumsgesprächs nach ihrer Meinung fragt, hält sie eine Rede vor über tausend Führungskräften, die heute noch im Gedächtnis jedes Einzelnen ist.

Wir reden sehr viel über Gesundheit. Hinsichtlich der Gesundheit des Unternehmens hat mein Mann erklärt, was da wichtig ist. Das Arbeiten habe ich ja nun auch gelernt – aber wenn als Basis immer nur Fleiß, der Einsatz, das Engagement gilt, egal, was wir tun, dann vermisse ich persönlich etwas. Meine Erfahrung ist: Allem, was wir ohne Liebe tun, auch wenn es Spaß oder Freude macht, dem fehlt etwas.

Es muss gut überlegt sein, was das Wort »Liebe« bedeutet. Wir wissen durch Forschung und Wissenschaft, dass die Wiege der Menschheit in Afrika stand. Seit heute Morgen meine ich, dass auch die Liebe hier entstanden ist. Beispielsweise hat Südafrika gezeigt, was die Menschen hinbekommen ohne Krieg, nämlich durchhalten, mit Liebe, mit der Kraft der Liebe. Ich wünsche mir sehr, dass wir das alle mit nach Hause nehmen.

Wir sollten nicht nur erfolgreich sein in unserem Handeln und Tun, sondern wir sollten auch jeden Tag überlegen: Wie kann ich persönlich meinem Nächsten die Liebe entgegenbringen, die wir Christen sozusagen als elftes Gebot haben, ein Gebot, das auch Jesus uns mitgegeben hat: die Nächstenliebe. Danach sollten wir handeln und sie jeden Tag üben, etwa indem wir überlegen: Wobei kann ich heute meinen Nächsten ein freundliches Lächeln schenken, wie eine Aufmunterung? Und damit kann ich nun überleiten zu unserem Hotel Anne-Sophie.

Die gesamte Rede ist nachzulesen in: Wolfgang Bok, *Carmen Würth*. *Mit dem Herzen sehen*, Swiridoff-Verlag, Künzelsau, 2012

Carmen Würth hat die Sympathie des Publikums. Als ihr Mann sie bei der Weihnachtsfeier 2013 in der Künzelsauer Konzernzentrale spontan auf die Bühne bittet, wird sie dort mit stürmischem Applaus empfangen.

Zeit für eine eigene Spur

Mehr als fünf Jahrzehnte wirkt Carmen Würth im Windschatten ihres Mannes. Sie ergänzt, unterstützt, gibt Kraft – und trägt auch so manch guten und warmherzigen Gedanken in das Unternehmen hinein.

Doch inzwischen ist der Nachwuchs längst flügge, Carmen Würth hat freie Kapazitäten und Zeit, ihrer eigenen Spur zu folgen. Durch Sohn Markus – der inzwischen in einer Einrichtung lebt – kennt sie die Lücken und Schwächen im Fördersystem von Menschen mit geistiger und körperlicher Behinderung. Sie möchte zeigen, wie man diesen Menschen jenseits des häufig so missbräuchlich eingesetzten Begriffs »Inklusion« wirkliche Teilhabe ermöglichen kann. Dafür macht sie sich stark. Die Bilanz der letzten zehn Jahre: Eine Auszeichung von der Initiative »Land der Ideen«.

Mit dem Hotel-Restaurant Anne-Sophie, benannt nach ihrer 2008 tödlich verunglückten Enkelin, setzt Carmen Würth ihr Ziel

praktisch um. Hier, im Zentrum der Künzelsauer Altstadt, arbeiten Menschen mit Handicap Hand in Hand mit pädagogisch und gastronomisch geschultem Personal und qualifizieren sich für einen Beruf.

Das Hotel Anne-Sophie ist eigentlich deswegen geboren worden, weil – wie Sie wissen oder die meisten von Ihnen wissen – wir einen behinderten Sohn haben. Weil wir aus diesem Grund – und hier kann man wieder vergleichen mit Südafrika – wissen, wie es ist, wenn Menschen ausgegrenzt werden, wenn sie ihre Würde verlieren, wenn sie nicht respektiert werden, geliebt werden, geachtet werden. Das passiert eben auch mit Menschen in unserer Gesellschaft in der Bundesrepublik Deutschland. Dass Menschen, geistig behinderte Menschen, einfach ausgegrenzt sind, dass wir sie gar nicht erleben in unserer Gesellschaft, dass sie irgendwo in Heimen, in speziellen Einrichtungen leben und arbeiten. Wir haben nun nicht gedacht, es sei die beste Form der Begegnung, Menschen mit Behinderung irgendwo in die Gesellschaft einzubringen, vielmehr haben wir anders herum gedacht: Die Gesellschaft ist es, die in Berührung kommen muss mit den Menschen mit Behinderung, Sie, die sogenannten Gesunden, haben nämlich die Hemmschwelle, sie haben Hemmungen, mit ganz normalen Menschen, die einfach ein Handicap haben, umzugehen. Ein großes Herz und Liebe helfen, diese Hemmungen zu überwinden.

Das liebevoll eingerichtete Hotel-Restaurant in hochwertig sanierten historischen Gemäuern ist seit 2003 in Betrieb – und bestens gebucht.

2007

Nun ist auch Carmen Würth Unternehmerin. Erfährt, dass sie dranbleiben muss, um die Qualität hochzuhalten. Dass täglich ganz unterschiedliche Mitarbeiter aufeinander zu und weiterentwickelt werden müssen, um die Grundidee umzusetzen. Aber sie ist auch Partnerin und Kollegin. Sie spürt keine Barriere, selbst anzupacken – wenn Not am Mann ist, steht sie auch mal in der Spülküche. Und wenn sie als Kuratorin bei den Special Olympics mit hundert freiwilligen jungen Würth-Mitarbeitern zum Jahresfest fährt, schläft sie ganz selbstverständlich mit in der Jugendherberge – und hat bei den jungen Leuten einen dicken Stein im Brett.

Die Presse berichtet über Carmen Würth, ehrt ihre Erfolge, Aktionen und Auszeichnungen. Und sie selbst freut sich über den Rückenwind, den sie auch braucht, um aus dem Windschatten ihres Mannes zu treten.

Reinhold Würth musste sich mit der Berufstätigkeit und dem Erfolg seiner Frau erst anfreunden. Gewohnt, immer im Mittelpunkt zu stehen, gibt es plötzlich Veranstaltungen, wo er nur das Beiwerk ist.

Wir kommen natürlich aus einer ganz anderen Zeit, wo die Welt noch in Ordnung war, wenn der Mann das Sagen hatte. Und das war für mich ein Lernprozess, diese Emanzipation meiner Frau zu akzeptieren. Sie hat dann halt aufgemuckt und hat vieles selber angefangen. Das ist heute noch für mich manchmal gar nicht so ganz einfach. Aber ich gönne ihr das von Herzen.

Das Paar

Die Würths sind viel unterwegs. Neben dem nahegelegenen Schloss in Hermersberg nutzen sie einige Wochen im Jahr ihre Anwesen in Salzburg und in Portugal. Auch die Jacht will ausgefahren werden.

Während Reinhold Würth zu der Sorte Mensch gehört, die überall Wurzeln schlagen – notfalls sogar in der Luft –, fühlt sich Carmen nur in Hermersberg richtig zu Hause. Hier stimmt die für sie wichtige soziale Anbindung, hier wird sie gebraucht: In einem Nachbargebäude betreibt Tochter Marion einen Demeter-Biohof und von hier ist sie schnell in ihrem Hotel. Im Sommer verbringt sie zu Hause intensive Wochen mit Sohn Markus und nutzt die

In Salzburg, 2014

Monate, in denen ihr Mann mit Marion Würth, wechselnden Familienmitgliedern und Gästen auf »dem Boot« die Galapagosinseln oder Alaska bereist, um ins Theater zu gehen, Lesungen zu besuchen und ihn bei der einen oder anderen Veranstaltung zu vertreten.

»Mein lieber Mann mit seinem Geschäftskopf«

Was macht ein Kaliber wie Reinhold Würth, wenn er nach Hause kommt? (Wie bereits angedeutet, kann das überall sein.) Er lässt alles fallen, setzt sich mit seinen Postkoffern irgendwo hin und diktiert.

Das unsensible Walross

Mehr Zeit, Zuwendung und Zärtlichkeit, das wünscht sich Carmen Würth von ihrem Mann nicht nur für sich, sondern für die gesamte Familie. Doch diese drei »Z« von Pestalozzi gehören nicht unbedingt zu seiner Grundausstattung. Sie weiß: »Ich tue ihm gut und er braucht mich. Aber auch wenn ich da bin, braucht er vor allem seine Ruhe und sein Essen und Zeit für seine Arbeit.«

Während Reinhold Würth sich schon mal in Rage in seiner Ausdrucksweise vergaloppiert, scheint seiner Frau nur die Sprache des Herzens vertraut. Wer ihre Vorträge hört, ist direkt berührt. Wird sie zufällig Zeugin eines harschen Diktats ihres Mannes, interveniert sie gegen seine technisch-kühle, manchmal auch sarkastische Sprache und erinnert ihn, dass Worte schlimmer verletzten können als Schwerter.

Kürzlich forderte sie ihn, nur halb im Spaß, auf, endlich mit dem Schraubenverkaufen und Diktieren dummer Briefe aufzuhö-

Die Alte sagt: Du bist ein guter Maler, jetzt sattelst Du um und verkaufst keine Schrauben mehr: Jetzt wird gemalt, lauter UNSENSIBLE WALRÖSSER!

ren, sein zeichnerisches Talent zu nutzen und sich selbst zu porträtieren: als unsensibles Walross. Daraufhin zog sich Reinhold Würth in die Bibliothek zurück, zeichnete ein Walross und hielt den Vorgang schriftlich fest.

In seinem innersten Wesen ist Reinhold Würth ein Einzelgänger, ein einsamer Wolf. Ernst, streng und abgeschieden ist ein Teil der Welt, den Carmen hinter den Kulissen mit ihm teilt. Ihre unerfüllte Sehnsucht ist es, gemeinsam mit anderen zu singen, zu tanzen, Theater zu spielen! Doch ihr Mann ist es gewohnt, seinen Blick strikt auf das zu richten, was getan werden muss. Besucht er eine Stadt, will er all das kennenlernen, was er noch nicht kennt. Neugier! Wissen! Carmen Würth möchte durch die Altstadt schlendern, die Seele baumeln lassen, die Atmosphäre aufnehmen. Doch unbeirrt packt er den Tag voll mit Kultur, von morgens bis abends. Wo jeder andere schreien würde: »Hör jetzt auf!«, geht er noch schnell in ein Museum, in eine Kirche, besichtigt ein interessantes Bauwerk und ...

»Und doch ...«, sagt Carmen Würth mit Nachdruck, »... eigentlich ergänzen wir uns ganz gut, obwohl wir so grundverschieden sind.« Die Beziehung mit einem starken Baum erfordert große Anpassung. Vorteilhaft ist es, eine kräftige Pflanze mit großen Blättern zu sein. Oder den Baum zu bitten, sich doch hin und wieder ein bisschen zu neigen ...

Achtundfünfzig Ehejahre bringen Vertrautheit, Diskussionen, manchmal auch Streit. Wenn Carmen ihrem Reinhold vorwirft, anstatt des Herzens eine Kartoffel, anstatt des Magens ein Fass und anstatt der Haut eine Rinde zu haben, dann lachen am Ende beide.

RW strandet allein
auf einer Insel.
Was würde er tun?

→ Er würde sich ein Boot bauen,
   um von der Insel wegzukommen.

→ Er organisiert was. Zuerst die Pflanzen,
   dann die Tiere.

→ *(lacht)* Der würde alles unternehmen,
   um dort wieder was aufzubauen.

→ Er würde auf den höchsten Punkt steigen
   und von dort gucken.

→ Diktieren.

→ Er würde jeden Tag zehn Stunden schwimmen,
   um zu trainieren.

→ Ein Floß bauen. Jedenfalls würde er wegwollen.

→ Die Insel wäre ihm zu klein,
   egal wie groß die wäre.

→ Er würde den Karl Specht anrufen,
   der soll ihn abholen.

Carmen

Schule   Vater
     Tod

Mythos, Symbol und Botschaft: Einen zweiten Reinhold Würth gibt es nicht

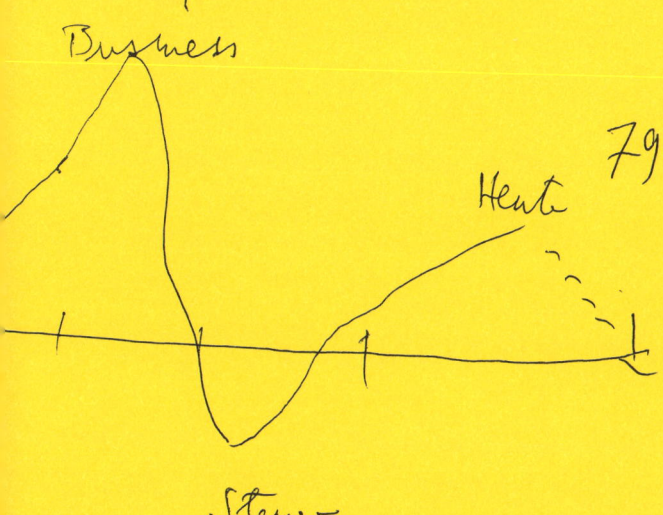

Mythos, Symbol und Botschaft: Einen zweiten Reinhold Würth gibt es nicht

Der Lebensweg von Reinhold Würth hat legendäre Qualitäten und längst eine narrative Eigendynamik angenommen:

> J.M. *Ich liebe es, die Geschichte von Würth zu erzählen, egal wo ich bin, bei Investoren, bei Banken ... Da kommen ja Leute, die Würth kaum kennen. Und denen diese Geschichte zu erzählen, das ist eine erfreuliche Sache, hochinteressant. Ein Unternehmen, das von einem neunzehnjährigen Stift quasi vom Zwei-Mann-Betrieb zu einem Konzern mit 64.000 Mitarbeitern ausgebaut wurde, mit zehn Milliarden Euro Umsatz – das ist eine gewaltige Erfolgsstory!*

Hier ist er: der Würth-Mythos.

Ganz selbstverständlich stellt dieser Mythos die Leistung und Rolle von Reinhold Würth für das Unternehmen als die einzig gestaltende Kraft dar. Die Persönlichkeit des Gründers steht quasi für die gesamte Unternehmensentwicklung, sie überstrahlt die Leistungen aller anderen Beteiligten. Ein Mythos tilgt die Komplexität. Die Rolle des Vaters Adolf Würth als Entrepreneur des Direktvertriebs im Schraubenhandel sowie der enorme Einsatz und die Erfolge vieler Mitarbeiter für das Unternehmen blendet er aus. Alles, was entstanden ist, schreibt er Reinhold Würth zu.

Juli 2014

Die Schlussfolgerung: Wer solch eine Leistung vollbracht hat, der muss über außergewöhnliche Fähigkeiten verfügen: unfehlbar, allwissend und allgegenwärtig sein. Ein Leitbild, das niemand einholen – und schon gar nicht überholen kann.

Charisma ist kein Charakterzug, sondern die Bedeutung, die andere einer Person aufgrund ihrer Botschaften beimessen. Voraussetzung ist, dass es dieser Persönlichkeit gelingt, die Wünsche und Bedürfnisse der Menschen aufzunehmen, Sinn zu vermitteln und eine gemeinsame Wirklichkeit zu konstruieren. Dann ist der Boden dafür bereitet, sie emotional zu mobilisieren und auf eine gemeinsame Sache einzuschwören, zum Beispiel eine hochgesteckte Vision zu erreichen.

In der Persönlichkeit Reinhold Würths kristallisieren sich zudem die weltanschaulichen Grundhaltungen seiner Zeit: Wirtschaftswunder und Wachstumsglaube, Verantwortung und Leistungsbereitschaft, Qualität und Perfektion. Er repräsentiert Intelligenz und Intuition, den liebenden Vater und den strengen Chef.

Zunehmend teilt er das Schicksal mythischer Helden, die zu unerreichbaren Identifikationsfiguren erkoren und entsprechend hoch auf einem Sockel platziert werden. Dieses Phänomen korreliert mit der Distanz zu ihm: Es ist bei Mitarbeitern in China ähnlich stark ausgeprägt wie bei jungen Mitarbeitern im Inland. Und selbst bei den Ehemaligen legt sich das glorifizierende Hochglanzbild fast unbemerkt über die Person aus Fleisch und Blut.

> P. Z. *Ich spüre, was in Menschen vorgeht, wenn sie mit der Erwartung an diesen Mythos zu ihm kommen. (lacht) Sie sind sehr ehrfürchtig, sehr nervös und unsicher. Er flößt den Menschen sehr viel Respekt ein, mehr als ein bezahlter Vorstand eines Dax-Unternehmens. Und sein Verhalten ist dann unerwartet normal, wenn sie ihm das erste Mal gegenübersitzen.*

Wer ihn kennenlernt, erlebt einen sehr präsenten Herrn, der trotz vorgerückten Alters alles andere als verstaubt wirkt. Seinem Gegenüber begegnet er freundlich-entspannt. Er lacht gern und herzlich, erzählt feinsinnig und tiefgründig und hört ebenso interessiert zu. So selbstverständlich wie der leicht schwäbische Akzent gehen ihm Anglizismen über die Lippen: »Why not?« Reinhold Würth ist beeindruckend, sympathisch, interessant. Aber ein Mythos ...?

Interessanterweise steigt die Verehrungskurve mit zunehmender Vertrautheit wieder steil an. Aber jetzt bekommt die Wertschätzung eine andere Qualität. Sie beruht nicht mehr auf Projektion, wie sie von der Sehnsucht nach Vorbildern ausgelöst wird, sondern auf dem realen Erleben der faszinierenden Eigenschaften dieses Mannes.

Und mit diesen sind die Leser dieses Büchleins nun ein wenig vertrauter geworden.

Reinhold Würth hat wohl keine reelle Chance, seiner Mythifizierung zu entkommen. Vielleicht ist bei dem einen oder anderen Leser der Eindruck entstanden, dass dieses Büchlein seiner Verklärung zusätzlich Vorschub leisten will? Absicht ist jedenfalls genau das Gegenteil.

Die hier zusammengetragenen Anekdoten und Geschichten möchten dazu beitragen, dass Reinhold Würth nicht irgendwann wie eine in Stein gehauene Statue vergötzt wird. Seine Botschaften und Werte sollen vielmehr auch nachfolgende Mitarbeiter-Generationen und die interessierte Öffentlichkeit inspirieren.

Damit sie nicht erstarren, sondern auch in die Zukunft hinein lebendig weiterwirken können, gilt es, das »Symbol so durchsichtig zu halten, dass es nicht eben das Licht verdeckt, das es offenbaren soll.«*

* Joseph Campbell, *Der Heros in tausend Gestalten*, 1999, S. 227

Interviewpartner

B. K. Bernd Krummrein

(*1974), Automechaniker, seit 2000 in der Hausverwaltung der Adolf Würth GmbH & Co. KG tätig, seit 2002 Chauffeur von Reinhold Würth.

B. W. Bettina Würth

(*1961) ist die Tochter von Carmen und Reinhold Würth. Seit 1984 ist die vierfache Mutter in der Würth-Gruppe tätig. Nach verschiedenen Stationen in Tochtergesellschaften im In- und Ausland hat sie 1997 bei der Adolf Würth GmbH & Co. KG in Künzelsau zunächst die Leitung der Division Bau und 1999 die Leitung der Region Nord- und Ostdeutschland übernommen. Von 2001 bis Ende Februar 2006 war sie Mitglied der Konzernführung. Seit 1. März 2006 ist sie Vorsitzende des Beirats der Würth-Gruppe.

C. S. W. C. Sylvia Weber
(*1961), Diplombiblio-
thekarin, begann 1985 mit
dem Aufbau der Firmen-
bibliothek, des Firmen-
archivs und später des
Kunstbereichs. Seit 1993
Prokuristin bei der Adolf
Würth GmbH & Co. KG.
Seit 2007 Mitglied
der Führungskonferenz
bzw. seit 2013 Geschäfts-
bereichsleiterin Kunst
in der Würth-Gruppe.

C. W. Carmen Würth
(*1937), seit 1956 Ehefrau
von Reinhold Würth.
1987 gemeinsame Gründung
der gemeinnützigen
Stiftung Würth. Ab 1999
Konzeptentwicklung
für eine Begegnungs- und
Kommunikationsstätte
für Menschen mit und ohne
Handicap. 2003 Eröffnung

des Hotel-Restaurants
Anne-Sophie in Künzelsau,
Auszeichnung als »Ausge-
wählter Ort 2007« von »Land
der Ideen«. Schirmherrin
zahlreicher sozialer
Initiativen, Ehrenbürgerin
der Stadt Künzelsau, bis 2011
Vizepräsidentin von Special
Olympics in Deutschland.
2013 gemeinsam mit
Reinhold Würth Trägerin
des James-Simon-Preises.

D. Sch. Doris Schutera
(*1964), Sekretärin.
Begann 1983 eine Aus-
bildung zur Industrie-
kauffrau bei Würth mit
Zusatzausbildung
zur Industriefachwirtin.
Stationen: Logistik,
Finanzen, Vertrieb.

F. S. Dr. Franz Susset
(*1932), Jurist, Landrat
des Hohenlohekreises a. D.,
von 1989 bis 2001
Geschäftsführer der Stiftung
Würth, Öffentlichkeits-
arbeit (Pressesprecher).

**H. U. Prof. Dr. Dr. h. c.
Harald Unkelbach**
(*1947), Diplom-Mathema-
tiker, Diplom-Betriebswirt.
Zunächst ab 1977 freier
Berater für Organisation
und EDV bei der Adolf
Würth GmbH & Co. KG. Seit
1980 bis heute Mitglied
der Geschäftsleitung.
Zwischen 2003 und 2009
Mitglied der Konzernfüh-
rung der Würth-Gruppe
und seit 2010 Vorsitzender
Vorstand der Stiftung
Würth.

J. C. V. José C. Viana
(*1937), seit 1973 Geschäftsführer verschiedener
Unternehmen der Würth
International Group sowie
für die Würth Finance.
Mitglied der Führungskon-
ferenz der Würth-Gruppe
von 1992 bis Ende 1998.
Delegierter des Verwal-
tungsrats der Würth Finanz
AG und Delegierter der
Würth Finance Internatio-
nal von 1987 bis Frühjahr
2010. Seit 2002 stellv.
Vorstand des Würthary-
Club.

J. M. Jürg Michel
(*1951), Bankkaufmann,
in der Würth-Gruppe tätig
seit 1991, seit 1993 CEO
der Würth Finance Group,
Mitglied der Führungs-
konferenz der Würth-Grup-
pe von 2001 bis 2009,
Mitglied der Konzernfüh-
rung von 2010 bis 2013
(Funktion Finanzen), seit
2014 Mitglied des Beirats
der Würth-Gruppe.

K. Sp. Karl Specht
(*1938) begann am
1. Oktober 1961 als Verkäufer
im Außendienst, ab 1977
Verkaufsleiter für den
Außendienst der Adolf
Würth GmbH & Co. KG, ab
1978 Geschäftsführer der
Adolf Würth GmbH & Co.
KG. Von 1980 bis zum
Ausscheiden 1996 war er
Mitglied der Führungskon-
ferenz der Würth-Gruppe.

M. Sch. Martin Schäfer
(*1956) begann 1977 als
Verkäufer im Außendienst
der Adolf Würth GmbH & Co.
KG. 1993 wurde er zum
Verkaufsleiter der Division
Metall Deutschland
ernannt. Seit 2000 ist er
Geschäftsführer für den
Vertrieb Deutschland der
Adolf Würth GmbH & Co.
KG, seit 2009 stellvertreten-
der Sprecher der Geschäfts-
leitung der Adolf Würth
GmbH & Co. KG.

N. H. Norbert Heckmann
(*1967), Diplom-Betriebs-
wirt, begann 1992 als
Produktmanager bei der
Adolf Würth GmbH & Co.
KG. Im Jahr 1996 wurde
er Betriebsleiter und 2002
Geschäftsführer bei der
Würth Elektronik
eiSos-Gruppe. Seit Januar
2009 ist er Sprecher der
Geschäftsleitung der Adolf
Würth GmbH & Co. KG sowie
Geschäftsbereichsleiter der
Würth-Gruppe.

P. J. Paul Jakob
(*1929), von 1974 bis Juni
1976 Geschäftsführer bei
der Würth Elektronik,
anschließend Projektleiter
bei der Adolf Würth GmbH
& Co. KG für den Neubau
des Vertriebszentrums, von
1980 bis 1994 Geschäfts-
führer der Adolf Würth
GmbH & Co. KG.

P. Z. Peter Zürn

(*1959) begann 1979 eine
Ausbildung zum Industrie-
kaufmann bei Würth.
Von 1987 bis 1990 unter-
stützte er die junge Würth
Gesellschaft in Australien.
Seit 1990 Mitglied der
Geschäftsleitung der Adolf
Würth GmbH & Co. KG,
von 2003 bis Ende 2008
Sprecher der Geschäftslei-
tung der Adolf Würth GmbH
& Co. KG. 1997 trat Peter
Zürn in die Führungskonfe-
renz der Würth-Gruppe ein
und ist seit 2009 Mitglied
und stellvertretender
Sprecher der Konzern-
führung.

R. B. Rolf Bauer

(*1943) begann 1963 bei
Würth seine zweite Lehre
als Industriekaufmann.
Er erhielt 1969 Prokura.
Marketing, Einkauf,
Distribution. Geschäfts-
führer von 1973 bis 1980.
2001 Eintritt in die Kon-
zernführung. Mitglied
im Beirat von 2009 bis 2013,
seit 2014 Ehrenmitglied im
Beirat der Würth-Gruppe.

R. F. Robert Friedmann

(*1966), Diplom MBA
Indiana University, Diplom
Betriebswirt, begann 1992
als Assistent der Kon-
zernführung bei Herrn
Rolf Bauer. Im Jahr 1997
wechselte er zu HAHN+
KOLB, hier wurde er im Jahr
2000 zum Geschäftsführer
ernannt. 2004 Wechsel
in die Konzernführung der
Würth-Gruppe. Seit Juni
2005 ist er Sprecher der
Konzernführung der
Würth-Gruppe.

V.R. Volker Retz
(*1957) begann 1972
eine Lehre als Industrie-
kaufmann, seit 2006
ist er Geschäftsführer
für den Vertrieb Innen-
dienst der Adolf Würth
GmbH & Co. KG.

Janet Domnowski
(*1991), von 2009–2012
Ausbildung Kauffrau
im Groß- und Außenhandel
mit Zusatzqualifikation
internationales Wirtschafts-
management mit
Fremdsprache. Stationen:
Exportmarketing.

Lukas Heckmann
(*1990), von 2007–2010
Ausbildung Kaufmann
im Groß- und Außenhandel
mit Zusatzqualifikation
Fachhochschulreife.
Stationen: Lagersteuerung,
Exportmarketing.

Clarissa Peterreins
(*1987), von 2008–2011
Ausbildung Kauffrau im
Groß- und Einzelhandel.
Stationen: Buchhaltung,
Exportmarketing.

Sascha Bauer
(*1992), 2009–2012
Ausbildung Kaufmann im
Groß- und Außenhandel,
Stationen: Exportmarketing.

Bildnachweis
Ufuk Arslan: Seite 162 li.
Janet Domnowski/Lukas Heckmann: Seite 167 Mitte
Norbert Guthier, www.guthier.com: Seite 166 re.
Clarissa Peterreins/Sascha Bauer: Seite 167 re.
andi Schmid: Seiten 113, 126, 148, 149, 161 re., 162 re., 163 re.,
164 Mitte, 166 li. und Mitte
Segantini Museum St. Moritz: Seite 70
Karl Hirnsberger, *Schrägansichten. Regionale Karikaturen
im Haller Tagblatt,* Schwäbisch Hall 2014: Seite 85
Familienarchiv Würth: Seiten 143, 144
Silvia Zulauf: Seiten 4, 115, 150, 157, 161 li., 164 li. und re.

Alle anderen Aufnahmen:
Zentralarchiv der Adolf Würth GmbH & Co. KG (Fotografie
Roland Bauer: Seiten 83 und 126, Paul Swiridoff: Seite 89)

Die Deutsche Nationalbibliothek verzeichnet diese Publikation
in der Deutschen Nationalbibliografie; detaillierte bibliografische
Daten sind im Internet über http://dnb.d-nb.de abrufbar.

Lektorat, Herstellung und Gestaltung
Malte Ritter, Hermann Zanier, Manja Hellpap, Berlin.
Gesetzt aus der GrauBlau.

© 2014 Swiridoff Verlag, Künzelsau

Druck und Bindung
Passavia Druckservice GmbH, Passau

ISBN 978-3-89929-299-2

WÜRTH

Die Publikation ist ein Projekt
der Adolf Würth GmbH & Co. KG

Er sollte keine Angst
haben, dass wir alle nichts
mehr tun, wenn er weg ist.

Am liebsten würde
ich ihn jede Woche zu einer
Großveranstaltung schleifen,
denn das ist ein unglaubliches
Asset für unsere Marke und
unsere Kultur.

Er sollte mehr Vertrauen aufbringen, dass wir das können. Und damit würde er mehr davon weitergeben, was ihn so besonders macht.

Dass er sich keine Sorgen machen muss, dass wir nicht das Richtige tun.

Er sollte nicht der Ober-Kontrolleur sein, sondern der Ober-Inspirator. Da würde er sehr viel mehr bewegen können.